JN066090

配膳さんという仕事

なぜ京都はもてなし上手なのか

笠井一子

平凡社

配膳さんという仕事✣目次

カバー写真＝安田格

配膳さんという仕事——なぜ京都はもてなし上手なのか

第一章　宴あれば配膳さんの出番あり

いまから考えると、かれこれ、ふたむかしばかり、いやそれ以上もまえのことになる。京都に配膳さんがいたころの話だ。

格式のある宴や大寄せの茶会などには配膳さんがつきものだと、おりにふれ耳にしていた。しかも聞くところによると、なんとかれらは紋付と袴に威儀を正した男性たちばかりというではないか。

そのひとり、配膳たちの長といえるのが、吉崎潤治郎だった。名刺には「職司　配膳」とされていた。京都だけに存在する男性だけの職業、しかも接客技術とは……。その仕事ぶりを、まずこの目で確かめたいとわたしは思った。そこで洛北・紫野、大徳寺の孤篷庵で開かれるという茶会に吉崎をたずねたのが、そもそものはじまりだった。

洛北随一のこの禅寺と茶の湯とのかかわりには、鎌倉時代以来の長い歴史がある。ひとくちに大徳寺といっても、あまりにも広大で、境内というより寺の町といったほうがいいかもしれない。なにしろ山内には二十ほどの塔頭《たっちゅう》があり、それぞれにみごとな茶室や庭園をそなえている。だから、その小宇宙をひとつひとつ探訪していては、時間がいくらあってもたりないだろう。

とくにこの孤篷庵、へいぜいは拝観謝絶。よほどのツテがあっても外部の人間には門戸を閉ざす、厳格このうえない寺ときている。聞けば大徳寺山内の最西端に位置しているとか。十分ほど玉砂利を踏み、今宮門前通りをわたり、ようやく……。

はなやかに装ったわかい女性たちが、ちらほらと振袖すがたであらわれる。すると、あたりのわびたたたずまいが、にわかに色めく。その日は華道遠州流の免状式。そのための茶会が孤篷庵で開かれているのだった。孤篷庵は小堀遠州の菩提寺である。小堀遠州その人は「綺麗さび」として知られる大名茶人。華道だけではなく、やきものでは「遠州七窯」の祖、また、かずかずの名園を手がけた庭の芸術家でもある。

門前の堀にかかる幅二間ほどのゆったりとした石橋をわたった。門をはいってすぐ右手に竹を矢来に組んだ垣、大徳寺垣とでもいうのだろうか。戸口に「拝観謝絶」の札がかかげてあった。なかにはいると色とりどりの草履《ぞうり》が下足箱に整然とならべられ、着物すがたの男が来客に下足札をわたしている。案内を請うてわたしはうえにあがった。部屋の右手には立ち机をまえにして袴すがたの男がふたり、荷物預りをしていた。

ほどなく吉崎潤治郎があらわれる。ぴたりと身にそうた紋付と袴。そのリンとした身のこなしにわたしは目をみはった。

「きょうは二百八十人からの大寄せの茶会ですから、汚れてもえぇようなもんしか着てませんよ」と吉崎は小さく笑う。

時刻は二時をまわっていた。すくなくなりかけた客が、ふたり、三人とすわるたびに点心のお弁当が運ばれる。ひとりひとりに茶をいれ、吸い物の椀を運ぶのはわかい配膳。かたわらの棚に五つ六つ残っている松花堂弁当のふたのひとつを、吉崎がサッと開いてわたしに見せた。

胡麻豆腐に干し菊のひたし、生麩の田楽に生湯葉の巻き物、梅甘酢の揚げ物。それから大徳寺麩や擬製豆腐などの炊き合わせ……。こまやかなお精進が、黒塗りの箱にちんまりと品よくおさまり、出番をまっている。

茶室のほうへまわってみた。重要文化財「忘筌の間」である。庭に面した障子が、とてもユニーク。まるで和紙のシャッターをうえから半分引きおろしたかのようだ。うえ半分を障子でさえぎり、したの吹き抜け部分からのみ、灯籠や手水鉢が見えるという仕掛け。なんという現代的なデザイン感覚か。

この障子と深い軒庇《ひさし》が、庭からの光をほどよくおさえている。その瞑想的な空間にすわって庭をながめた。夕刻ともなれば、西日は障子で漉《こ》されてやわらぎ、手水鉢に照り映える光が、まるでさざなみをたてるかに、天井でゆらゆらと揺らぐだろう。茶室は、さながら湖にうかぶ舟のよう……。吉崎の説明を聞きながら、大名であった遠州が俗事をはなれ、風雅にひたった境地を想像してみた。

炉の切られたこの忘筌席で、きょうは表千家が茶事をおこない、炉のない奥の書院席（山雲《さんうん》床《しょう》）では、風炉を使って官休庵が茶を点てる。会記によれば、その日の茶道具は以下のとおり。

忘筌席
釜　鶴首釜　堀山城宗甫作
水指　備前耳付　秋草の絵　藤原啓作

茶器　不昧公好長棗　漆壺斎造
茶碗　高麗刷毛目
菓子器　網の絵食籠
書院席
釜（風炉）孤篷庵常什
水指　古曾部焼備前写　銘漁夫
茶器　菊桐蒔絵棗
茶碗　直斎手造　銘巌
菓子器　吉向作　瓜の絵食籠

吉崎がここ大徳寺の配膳をはじめて三十年たつ。孤篷庵では五月十三日の遠州忌、十一月十日の護持会がおもな行事で、ほかにきょうのような催しや法事など。

茶室の裏側の砂利を敷いた内庭に、石組みの古井戸がある。流し台では千家の門下生たちが、使い終わった茶碗をすすいでいた。かたわらのガスコンロでは、茶の湯をわかす羽釜が湯気をあげている。なにしろ三百人に近い客、茶室の釜だけでは、とうてい追いつかないのだろう。

「家元の茶会なんかでは、われわれ配膳も炭おこししたり茶の湯わかしたり茶碗洗《あろ》うたりするんですよ。お薄茶碗は、一万（円）ていどのも、百万（円）するようなもんでも、みなおなじように扱わんとあきません。気骨の折れる仕事ですわ」と吉崎はいった。

ほかの配膳は、すでに荷物預かりの立ち机をかたづけ、灰皿を洗い、使った道具をもとの場所におさめている。茶室から着物すがたのご婦人が、炉の炭をもってあらわれ、その処理のしかたをたずねている。台所の消し壺へ案内するよう、吉崎がわかい配膳に指図する。

吉崎は、今朝八時半に寺に入ったという。湯わかしや炭おこしに必要な道具類一切をそろえ、三百人からの客のために、下足番や荷物預かりの準備をととのえた。昼どきになれば、お弁当の接待もある。

要は千家の先生や門下生が動きやすいよう、またおとずれる華道の門下生がとどこおりなく式を終えられるように、うまく設営するのが配膳の役割。これを吉崎が、勝手知ったる寺の厨《くりやく》（庫裏《り》＝台所）を、ご住職や夫人をわずらわせることなく万事一切ひきうける。

さて、居間にはもとどおりに段通を敷き、座敷机をしつらえ、調度品をもとの場所に戻す。四方を見渡して、やり残したことがないか点検しおわると、吉崎は葦簀《よしず》の陰で普段着に替える。着替えながらも、どうやら配膳の弟子や手伝い（定年退職者）に日当を払っているらしい気配だ。

「むかしは着流しに白足袋、風呂敷包みかかえて仕事に行ったもんですけど、いまはこれですわ」といいながら吉崎が、シャツとズボンにジャンパーを引っかけてあらわれた。やれやれという表情で、その日の仕事を終えたかれとともに寺を出た。歩きながら吉崎は、配膳の起源について、こんなふうに語ってくれた。

「配膳のそもそものはじまり、いうたら御所らしいですわ。御所に大膳職いうのがあって、食べるもんをつかさどる公家衆がおった。それが幕末になって町なかに流れ出ていくようになって、だんだん職業化していったとか、ねぇ。いまひとつは、公家に出入りしておった武家の息子が、ブラブラしてるついでに、来客に茶や菓子を出して接待みたいなことしてたらしい。そのうち町なかへ出ていって、そんなようなことを、まあアルバイトみたいにしてやりだしたんや、いう話ですわ。そんなふうにわたしら年寄り連中から聞いてましたんやけど……」

が、この配膳という職業も、多かれ少なかれ、あと十年もしないうちに、おそらく消滅するだろう、と吉崎はいう。

配膳――この聞きなれない職業について調べたいと思ったが、皆目わからない。京都固有の文化や人間関係のなかではぐくまれた特殊な職業であるせいか、これといった資料が見あたらないのだ。

わたしが調べた限りでは、日本風俗史学会で編纂された『日本風俗史事典』と『図説 江戸時代 食生活事典』のわずかに二書だけ。どちらも食生活史の権威だった故・篠田統の編集によるものだ。参考のため、後者に記された「配膳」の項を紹介しておこう。

京都だけにしかない職業に配膳というのがある。色紋付に袴をつけて宴席の配膳にあたる。

原則として男性である。

配膳についての文献を探しているが、いっこうに見あたらない。ひょっとすると、明治以後のものかもしれないが、食生活に関連した珍しい職業ゆえ、ここに付記する。明治四十三年頃、今の京都大学教育学部の近所で「配膳」と書いたガス灯があったから、大正以後からのものでないことは確かである。

宴席といっても、昔は結婚式が主で、そのほか講仲間の寄合や法事（ことに寺院で行なわれる折）にも働いた。家元の茶事に侍る者もいる。下足番、荷物預りなどは初心者で、慣れれば台所から座敷に出て膳を配り、皿、椀のお替えもする。酒の酌はしない。これは芸妓の役だ。仲居は台所から宴席の外までは膳を運んでも、座敷は配膳にまかす。配膳を使うほどの宴会なら、芸妓は呼ぶが、仲居を席に呼び入れることはない。

配膳の作法は、四条流や小笠原流などにはしばられず、原則として料亭の主人が指導する。こんな料亭は京都にもそうたくさんはないが、親方が何軒か特約して、弟子何人かを連れて出勤する。婚礼が主だから、大安の日には何軒かかち合うので、一人でそう何軒もの料亭を持つわけにはいかない。

配膳は御所に奉仕していた配膳師から出たという人もあるが、御所にそんな役があったことは聞かない。公家衆の配膳方ともいうが、江戸期の貧乏公家にそんな者を雇う余裕があっただろうか。京都では変わった事物はみな御所に結びつける。今日、結婚式の多くはホテル

武家の配膳、『早見献立帳』より（武士生活研究会編『近世武士生活史入門事典』柏書房、206頁）

や会館にとられ、配膳はまったく斜陽の人となった。

以上の説明に、『早見献立帳』に描かれた武家の配膳人の図が添えられていた（なお、傍点部分については、吉崎の話によれば、現在では配膳がいる場合でも、仲居は座敷に入るようだ）。

それを見ると、いままさに配膳人が座敷に料理をもって入ろうという場面。それを次の間にひかえる座敷奉行が、飯汁、引き物、酒肴の遅速がないように、客人の様子をうかがいながら配膳人を差配しているようすがわかる。

吉崎潤治郎は大正十二年、岡山県で生まれた。小学校を終えてすぐ、一家は大阪へ移り、かれは出征するまで家業の鉄工所を手伝う。昭和十九年、海軍航空無線隊へ入隊。戦後ふたたび大阪へ戻り家業につく。その後、結核に感染、三年間の療養生活を経験する。

京都へ出てきたのは昭和三十年。三十一歳のときであった。伏見区の鳥羽街道で所帯をもち、長男にめぐまれ一家三人で暮らした。職を探しながらの浪人生活のさなかに、近所の小林老人と出会う。「その人が配膳やったんですわ。ひまやったらちょっと手ぇ貸してと声かけられて……」とかれが話しはじめた。それが配膳の道をあゆむきっかけだった。

どのような仕事か皆目わからない。とにかく老人の一挙手一投足を眼で追い、その所作を必死で真似ながら、仁和寺での最初の仕事を終えた。一日働いて日当五百円。タクシーが六十円の時代だから、それほど割の悪い仕事ではなかった。

その後、五条の〈鮒鶴〉で団体専門の宴席をつとめあげ、岡崎の料亭〈つる家〉専属、高台寺の〈土井〉、〈京大和〉、そして南禅寺の〈瓢亭〉などを経て、料亭での配膳仕事の一切を身につけた。

客の送り迎えをはじめ、膳の運び方、器のあつかい、酒のつぎ方、料理の種類、その料理を出すタイミングなど。また一方、下足番として、いちいち客に名前をたずねなければわからないようでは、この仕事はつとまらない。

「下足札なしに客の顔見ただけで、サッと靴や草履が出て来んとあかんのですわ、京都ではね。けど同じ関西でも大阪の人はちがいますな。どんな偉い人でも下足札を受け取らんことには不安らしい。催促しはる。京都は逆ですわ。下足札使わな誰やわからんのか、いうことで、かえって気ぃ悪しはる」

吉崎は、京阪の気質の違いについてこのように教えてくれた。

現在、かれの仕事のなかで、料亭の占める割合はすくない。もっぱら地方にオープンした京風料亭の指導に出張することが多くなったからだ。気を張りつめてストレスのたまる料亭仕事より、こうした教育指導や自由裁量でやれる寺院の仕事、あるいは呉服展示会の出張などのほうが、かれの性に合う。

こうした配膳の仕事というのは、時代とともに減っているのだろうか、気になるところである。吉崎にたずねると、

「寺の行事というのは、むかしと変わりませんね。けど料亭の仕事やら商社、それに西陣なんか機屋《はたや》のお得意さんの接待やらは減りましたなぁ。それからむかしは歌の会とか、いろんな宴遊会が、あちこちでよう催されたもんです。優雅なあそびをね。それが少《す》けのうなりましたなぁ」

と、感慨ぶかげな面持ちになった。

かれがみずからたのしみつつする仕事のなかに、四条室町の呉服問屋が毎年ひらく風流な催しがある。むかし風に下男下女を引き連れ、野遊びになぞらえた野点《のだて》弁当の趣向で——あるときは大雲院別院での風雅なひとときをすごしたり——もうけられた見晴らし台に緋毛氈を敷きのべて、招待客にゆかしい午餐を饗するのだ。

しかも料理を盛りつける器のたぐいからして、時代もののみごとな逸品。料理、器のことごとくが手提げ金具のついた立派な提重《さげじゅう》、つまり花見弁当といわれる骨董品におさめられている。それは外側は黒く、内側が朱色にはなやぐ。そこに蒔絵や截金《きりがね》細工をほどこした草花の文様が、かそけき風にそよぎ、ほのかな明かりにもきらめくかのよう。繊細、優美なことこのうえない。さしずめ携帯用小箪笥といった感じの提重のなかから、つぎつぎに取り出される三段重ねの重箱、膳やら椀やら、汁入れ、それに徳利に盃などの酒器……。まるで打ち出の小槌で引き出されたかのように。

客を前にして吉崎は、それらにひとつひとつ料理を盛りつけ膳を組みながら、京都の名所や料理などの四方山話でお相手をつとめる。春は桜の花のした、秋は紅葉に彩られ、目にもあざやかな宴のひととき。いまの世では夢のまた夢……。いかにも京都ならではの雅やかな趣向ではないか。これを一日に四回、一回につき四十分ていど。いささか気の張る仕事ではあっても、かれにとっては晴れがましく、また心はずむ行事でもある。

近世初期の京都の行楽のようすは《花下遊楽図屏風》《洛外名所遊楽図屏風》《高雄観楓図屏風》などに、いまでもうかがうことができる。

長く続いた戦国時代の後だけに、秀吉の天下統一は人々に生命力をよみがえらせた。安堵感と余裕を取りもどした都びとも、あの北野大茶会や醍醐の花見では、さぞわき立ったことだろう。これらの屏風絵を見ると、南蛮渡来の毛氈のうえに漆塗りの提重が置かれ、風炉をすえて茶釜がかかっていたりする。

そういえば京都の高名な漆芸店で、桃山時代のみごとな花見弁当を見せてもらったことがあった。その提重の寸法は、横幅三十一センチ、奥行十六・五センチ、高さ三十一センチ、重さは二キロほど。この空間に重箱、皿、湯婆《たんぽ》という酒入れ、盃、盆が十人ぶん。ひろげれば畳いっぱいになりそうな道具類が、コンパクトに収納されているのだ。

皿十枚をかさねても厚みは四センチほど。皿一枚の厚みはわずか二、三ミリ。この薄く削がれた木地の軽《か》ろみと漆のなめらかなことったらない。絵替りで一枚一枚、すべて文様がことなっている。萩、菊、沢瀉《おもだか》、銀杏、菖蒲、朝顔、野菊、撫子、蔦、笹の葉に雀、といったぐあい。草花の意匠で装われたその提重は、優雅な振袖にも似た華麗さで目をうばう。その当時の人々の暮らしが、いかに自然と渾然一体していたことか。

吉崎に配膳としての年間スケジュールを聞いてみた。手帳を開いて読みあげてくれた一年間のおもな仕事は以下の通り。

一月　恵比須神社（十日恵比須）、呉服関係（初売り）、百万遍知恩寺（新年会）、茶会（初釜）
二月　百万遍知恩寺（初参り）、呉服関係（消費者セール）
三月　呉服関係（京都、地方出張）、寺の法事、甲府・料亭指導

四月　大徳寺・黄梅院（落慶法要）、百万遍知恩寺（大法要）、宇治・朝日焼窯元
（花見会）、建仁寺（四つ頭茶会）、呉服関係（展示会）
五月　建仁寺（花の会）、大徳寺・孤篷庵（遠州忌）、呉服関係（東京展示会）、甲府・
料亭指導
六月　書道会　二回（千人にお薄を点てる）
七月　祇園祭（菊水鉾の協賛茶会・茶道四流派の総まとめ）
八月　建仁寺（六道詣り）、大文字送り火・呉服関係（定期的催し）
九月　呉服関係（鹿児島出張）、建仁寺（書道会のまかない）、寺院関係（法要）、
下鴨神社（月見会）、甲府・料亭指導
十月　建仁寺・東福寺・下鴨神社（秋の茶会）、呉服関係（秋の展示会）
十一月　大徳寺・孤篷庵（護持会）、朝日焼、呉服関係、大阪一心寺
十二月　呉服関係（消費者接待）、甲府・料亭指導

配膳はふつう、煮炊きするようなまかない仕事や盛りつけ、また客前でお薄を点てたりするようなことはない。が、吉崎はあえてそうしたこともたのしみながらやってのける。その一方で、料亭の接客指導にもあたっている。ひとくちに配膳といっても仕事のなかみはさまざまで、その人の資質によって違ってくるものらしい。

その日は朝からの雨。吉崎の紹介で、〈つる家〉専属の星野静夫と、能楽の配膳・広野福三に会うことになっていた。面々と落ち合いタクシーに同乗する。だいぶ雨足がつよい。

「孤篷庵がきょうでのうてよかったわ。雨やったら傘預かりもせんならんし、よけいな仕事が増えよる。このごろは天気についとるなあ」

吉崎が窓の外を眺めていった。

「配膳は雨はかなわんねえ。きょうあたりは困ってるのがおるやろ」と星野が受け、広野がうなずく。

「配膳さん」と呼ばれる一群の人たちが、実際にどのような仕事をしているのかあまり知られていない。配膳という職業があることさえ知らない人が、地元の京都でもすくなくないのだ。かれらの仕事は料亭だけにとどまらず、神社や寺院、茶道家元、お茶屋、呉服問屋、能楽関係まで多岐にわたっている。

ただし配膳ひとりひとりが分野別にはっきり区分され専門化しているわけではない。たいていいくつかの分野を兼ねている。みんな駆け出しのころは、いろいろな分野の仕事をこなしながら覚え、それぞれの出入り先によって、おおまかに分かれてきたのだ。

取材当時（平成二、三年ごろ）、京都には三十名ほどの配膳がいた。そのうち親方とよばれるのは五、六名。吉崎もそのひとりだった。たいてい数名の弟子をかかえてグループをつくるなかで、かれだけが群れることをあえて拒否してきた。手の足りないときは、そのつど、ひとりの弟子のほかに定年退職者や助仲居とよばれる女性にアルバイトを頼んだりした。

配膳の需要がピークだったのは、やはり昭和三十年代の、いわゆる日本経済の高度成長期。その当時は月のうち十日から半月くらい仕事があれば、世間なみの収入が得られたのだ。日当は最低でも四百五十円。ときには思いがけず二千円などという法外な報酬を得ることさえあった。タクシーが六十円、中華そばが三十五円の時代である。

「それをたのしみに、ま、仕事へ行ったようなもんや。空振りもあったけど」と星野がいうと、みんなが声をそろえて笑った。

そのときどきで報酬はまちまち、当たり外れは当然だった。それもまたゲーム感覚のおもしろさ。ふつう配膳には日当のほかにご祝儀もつく。ベテランともなれば、それが日当を上まわってびっくりすることさえあった。

いずれにせよ金額に一定の基準はなく、コンスタントに仕事がくるともかぎらない。不安定さはついてまわった。

「正直いうて、ちゃんと食えるようになったんは、この七、八年のことですわ」吉崎がそんなふうにいった。

配膳の正装といえば紋付に袴が決まり。はっきりいって、これほど日本男児を、カッコよく立派に見せてくれる出で立ちはほかにない、とわたしはつくづく思う。ところが昭和三十四、五年当時（高度経済まっただなか）、配膳のあいだで流行したのは色紋付だった。

「いまやったらちょっと着られんようなグリーンの濃い色とか、スカイブルーのカーッとした着てねぇ。あんな恥ずかしいようなもん、ようまぁ着てたと思いますわ」と、星野が笑う。

「それを染め直していまも着てる」と、こんどは吉崎が重ねていう。みんなにドッと笑いのウズが広がった。

しかし、その派手な色紋付はいっときのこと。その後は正調の黒、白のほかは、せいぜい茶色か紺色と、渋い色に落ち着いた。生地は夏物の絽や麻から正絹やウールにいたるまで。単《ひとえ》もあり袷《あわせ》もあり、といったぐあい。季節や場所がら、また仕事の内容などに合わせて着分けるため、めいめい十着前後はそろえている。

着物の家紋もさまざまだ。縫いの一つ紋は略式の茶席などに。格式ばったセレモニーや高官などの案内には、染めの五つ紋を着て白扇をたずさえる。むかしは配膳袴といい本袴より脇が大きくあいた木綿の専用袴があり、着用したこともあった。

「そういえば四条の料亭〈千茂登〉で三年間、専属してたころ、女将がこしらえてくれた着物、まだ持ってるなぁ」と、吉崎が懐かしそうにいった。専属の配膳ともなると、その料亭の女将が老舗《みせ》の屋号を入れたお仕着せを、盆と暮にはあつらえてくれたものだった。

どんな分野の仕事でも、配膳というのは基本的には行事進行係。宴会、儀式、催し、舞台などが、とどこおりなく円滑に運ぶように、一切を取り仕切るのがその任務。しかも表に立つことなく、あくまで陰の存在ということを忘れてはならない。

星野にはこんな苦い経験があった。

「たとえばうちの料亭の主人が打ち合わせのために、主催者側へわたしを使いに出したとします。主人の代理やいうんで玄関から通しますわ。ところが配膳とわかったとたん、体よく帰されました。なんや配膳ふぜいを寄こしてというのが先方の胸のうち。けど、じっさいに当日、一切合財、取り仕切らんならんのは、われわれ配膳なんやけど……」と星野の顔も、いささかさえない。

階層や序列にきびしい世界では、配膳の社会的地位が低いのは推して知るべし。ところが一方では、配膳つきにすることで催しそのもののグレイドをあげ、さらに付加価値をたかめることができるのも事実なのだ。

だから職司配膳、つまり「配膳さん」そのものが、京都の宴会文化を、いっそう奥深いものにする一助になったといえるのかもしれない。だが、むかしから無用な贅沢や余分な出費をきらい、むしろしまつをモットーにしてきた土地がらなのに、なぜ配膳が「職業として」成り立つのか、とても興味ぶかい。

第二章　料亭の裏舞台

『鬼平犯科帳』で知られる池波正太郎が、食べ物についてのエッセイ『食卓の情景』のなかで、洛北・鷹ヶ峰の料亭〈雲月〉をおとずれたおりのことにふれている。

「すがすがしい座敷で、北山しぐれにけむる鷹ヶ峰の風景をながめながら」池波は四時間あまりもかけて、ゆったり酒を飲み料理を味わう。そのとき、座敷で給仕した男たちの所作に目をとめ、いだいた印象について、「給仕するのは、紋つきに袴の男たちで、その風体の違和感はさておき、給仕ぶりはすがすがしくさわやかなのである」と記している。

給仕する男たちとは、いわずとしれた、京都で「配膳さん」とよばれる職業人のことだ。江戸っ子の池波の目には、よほどめずらしくあざやかに映ったのだろう。

このくだりをわたしに教えてくれたのは、料亭専属の配膳、星野静夫である。彼は京都・岡崎〈つる家〉につとめてすでに二十四年になる。その〈つる家〉に、ある日、星野をたずねてみた。

恰幅のよい星野が、もちまえの温厚柔和なひとがらを、浅葱色の着物につつみこみ、大広間の宴席を設営するためキビキビと立ち働いていた。

電動の舞台にむかってコの字型に座席をつくっていく。床の間を背にして何人、舞台むかいがわに何人、手前に何人分の席をもうけるのか。またテーブルを使用するのか、会席膳を使うのか。そして敷くざぶとんの図柄は……。星野の裁量によって、しだいに部屋のレイアウトが決まっていく。

料亭中のざぶとんをあつめると、ざっと千枚はある。ふとん部屋にはざぶとんばかりが種類別に収納されていた。小紋、葡萄唐草、御所どき、鯛に梅など、数えあげればキリがない。また季節によって、絽、ちりめん、朱珍などの織りもさまざま。なかには一枚が二十万から三十万円もするような正倉院織りというものも。

〈つる家〉指定の布地に綿をいれて縫い、ざぶとんに仕上げるのは〈熊谷ふとん店〉である。

ふとんを商って五十年、というのが主人の熊谷祐輔だ。

「むかしはね、つる家さんのように、そこのご主人がいろいろ見立てて型おこしして、じぶんとこで、ぜんぶ織らして、ほんでうちらにまわってきたもんですわ」

おっとりとした京都弁で主人はいう。が、当節、別織りまでしてざぶとんをつくったのでは採算が合わない。で、そんな仕事はめっきり減ったのだ、と。

ざぶとんの規定サイズは三種類。いちばん大きい客用の八端判、標準サイズの銘仙判、そして小ぶりの木綿判。このほかに薄くて小型の茶席用のや婚礼に使う大型の夫婦ざぶとんがある。

ざぶとんというのはふつう、真ん中をとじ四隅の角に房をつける。ところが上等のふとんほどこのとじを入れない。中心をしぼるとまわりがつれて生地がいたむからだ。とじを入れず四隅の房もつけない。そのかわり角をおとして丸くする。というのは、角丸のほうが上品であるし、年二回、夏物冬物の入れ替えも作業が簡単にすむ。〈つる家〉のざぶとんは、もちろん、この角丸のほう。

これらのざぶとんを配膳は、部屋のスペースや人数にあわせて使いこなす。しかも客層や宴の趣旨にそって、生地や色や模様を選ばなければならない。そのために星野はすべてのざぶとんの生地や柄を手帳に控えておく。ざぶとんといえども、なかなかあなどりがたい。クッションとは似て非なるものというべきだろう。

ざぶとんの汚れやシミは手で洗い張りするに限るが、テーブルクロスは逆。下手に手を入れるとかえって汚れがとれにくくなる。〈つる家〉のクロス類を引き受けるのは、〈滝井クリーニング店〉。主人の滝井芳明によれば、シミをよくとる薬品ほど繊維を弱らせてしまう。で、薬品を無駄に使って繊維をいためないようにすることが第一義。

とくにシミがひどい場合は、その日のメニューのどういう汚れか、まず見当つける。脂肪、たんぱく質、油、しょうゆ、そういうものが複雑にミックスしているからだ。ぜんたいの汚れは、ある程度、温度と時間と洗剤の配合で、九割以上は落ちてしまう。汚れが落ちずにシミとなるのは残りの一割。その部分だけに、できるだけ繊維をいためないような薬品を使うのだ。だから滝井の仕事は生地が長持ちすると定評がある。

滝井と星野のつきあいは長い。クロスのシミ抜きについては、たがいに検討しあい研究を重ねてきた。滝井は配膳の星野から、経験で得た知恵に学ぶことが多いという。たとえばクロスのたたみ方。その日の宴席の献立や使う器によって一人分の席幅がきまる。そこでテーブルが七、八メートルなら、主賓の前だけその席幅のぶん、折り目をつけないようにたたんでいくといったぐあい。

「細心の心配りをされるかたでしてね。星野さんが来られるまえも、つる家さんでは、もちろんクロスを使用されてたわけですけど、そういうことをじっさいにおやりになったのはあのかたなんです。なんでも正式の晩餐会では、そういうセッティングされるそうですわ」と滝井が感心する。

クリーニングの工程ではプレスがいちばんむずかしい。光沢が出て、しかも織りの地模様が浮き出るように。そのためには機械の圧力をコントロールし糊は使わない。生地の厚みを利用して乾燥の度合いでピチッと仕上げる。糊をつけるとテーブルの端で折れるような感じになるからだ。あくまでテーブルのまるみに沿ってカーブさせるように。

貴賓が訪れる際には、万が一のために同じものをかならず用意しておくことを星野はわすれない。クロスの風合いや折れ目など、ほとんど人の目をひくことはない。が、そこまで気を配る。それが星野流のもてなしのこころなのだろう。

日本料理の盛りつけに漆の器は欠かせない。〈つる家〉が先代のころからひいきにしている熊谷秀峰は料理用漆器が専門だ。茶道具の漆器をあつかう老舗の多い京都ではめずらしい。

おおぜいの客を相手に漆器類を頻繁に使う料亭では、漆は堅牢にかぎる。そこで、熊谷は漆器のいたみやすい個所、とくにお膳の角とか内がわの隅々に、仕上げの段階でよぶんに補強しておく。

熊谷が料亭・旅館や割烹から漆器のあつらえを受ける場合は、まず先方の店の雰囲気をつかむ。つまりお膳なら、通常、器をいくつくらいのせてはこぶのか、などその店の使い方を知ったうえでデザインをきめていく。

漆芸の工程は大別すると、木地づくり、漆塗り、そして模様をほどこす加飾の三つ。そのなかで熊谷は、いわゆる塗師として下地から上塗りまでの段階をあつかう。

まず木地に布を被《き》せる。これは壁塗りでいうと荒壁に使う下地竹のようなもの。そこへ漆、砥《と》の粉、地の粉を混ぜたもので、中塗り、上塗りの工程へと進んでいく。加飾の必要な場合は、蒔絵師や沈金師に依頼する。

漆器の注文を受けるほかに補修も引き受ける。割れたり欠けたりヒビ入ったり、また全面的に塗り替えたり、模様を描きなおすこともある。

割れの入った場合は、一部でまだくっついていても、いったん離れた部分の木はくっつきにくい。そこへ切り込みをいれ、細い埋木を差し込んでやる。また欠けて断片もないときは、木を削って欠損部分をこしらえ下地をほどこして塗りあげる。

漆器が変色してヒビ割れ、絵もすり減って部分なおしがきかないものは、絵を落として塗りなおし、絵を描きなおすことも。

時代物の古い漆器に新しい漆で継ぎをする場合、一部分だけではやはり差がつくので、側面ぜんたいを塗りなおし目立たないようにしてやる。数あるそろいのなかで一個だけ塗りなおすときは、表面を研いで多少すり減った感じに仕上げ、ほかのものとの差が出ないよう配慮する。

星野は常日ごろから、現場で客に配膳する立場上、漆器の使い方はもちろん、そのいたみぐあいには神経をとがらせ、注意をおこたらない。

掛け物や床飾りも仕事のひとつ

〈つる家〉はもと大阪・船場の豪商の別邸であった。庭の竹林、鯉が見えかくれする池を見、昼間の客がひけたあとの閑寂な座敷にたたずむ。おおきく張り出した軒の葦簀《よしず》が外からの光をやわらげる。清閑な庭をながめていると、ゆったりと時をきざんだ、あのなつかしい時代の贅沢な時間が立ち還ってくる思いがする。

星野がいう。「ホテルへ行って、なんぼうまいもんたべてもね、周囲の壁はただのクロス張りですよ。そういうことを考えると、ちょっと障子開ければ庭があり、灯籠が見え、池がながめられる料亭とは比較にならんですわ」

賞味するのは料理だけにあらず、ということだ。蹲踞《つくばい》をおおう苔の色合い、木漏れ日の降りそそぐさま、疎水のせせらぎ、刻一刻と時がうつろい、いつの間にか木立の翳りが深まりたそがれはじめる。夜気がしのびやかにただよい、灯籠や行灯《あんどん》にポッと灯がともる。そうした景観のうつろいを心ゆくまで堪能する。また座敷に目を転じれば、その日の掛け物の選び方、花器、香合の取り合わせに亭主の趣向を読みとる。そうした部屋のしつらいにも料亭のたのしみがある。

主人の指示にしたがって、掛け物や床飾りなどの出し入れや管理をするのも星野の役目のひとつ。祝儀、不祝儀によって料理はもちろんのこと、掛け物や飾り物、またざぶとんの色柄にまで配慮しなくては。

ことに飾り物には気をつかう。たとえば有職文化の伝統をひきつぐ正月のはなやかな床飾り。薬玉、三方、四方飾り、炭飾り、蓬萊飾り、松飾りなど、和紙や片木《へぎ》板でできたものが多い。だから虫を見ると星野はいつもゾッとするのだ。

掛け軸のあつかいは、ことさら慎重に。軸には表装した表具師のくせが出る。下軸のつけ方しだいでスッとまっすぐ巻けないことがある。巻きが少しでもゆがむと、へりに日焼けのあとがのこる。だから表装は信頼できる老舗でなければ、と星野は思う。

〈つる家〉がむかしから依頼しているのは〈藤岡光照堂〉。博物館内に保存されている文化財の補修が専門で、料亭関係は〈つる家〉のみだ。へいぜいは京都国立博物館で補修にあたっている尾崎二朗が、表装の原点は、いかにして本紙（なかみ）を活かしてやるか、ということにつきる、といった。本紙のもつ味わいや歴史的背景を考慮して表具師の感覚で合わせていくのだ。

「女性が着物を着るのといっしょですよ。まず着物があり、帯締めや帯留めがあるというぐあいに……」と。

表装とは表具師の美的感覚によって大きく左右されるものらしい。着物、帯、帯締め、それぞれの色や柄の取り合わせ、つまりコーディネートがものをいう。本体の着物を中心にして帯や装飾品を変化させるように、掛け物の本紙が書状か歌切れか、その内容が哀しいものかたのしいものかによって。たとえば本紙が絵の場合、浮世絵か絵巻物か仏画なのか、それぞれで表装は異なってくる。

補修の依頼で多いのは本紙のシミ抜き、これが圧倒的。つぎに時間がたつにつれて出てくる本紙の折れなどの自然のいたみ、また狂いなど仕立てによるいたみ。そして軸装の着せ替え（取り替え）が、おもだったものだ。

シミ抜きというのはたいへんな作業である。表装の各部分、軸をはじめ、上下、風帯、中廻しのすべてを、まず解体。つまり本紙だけに戻してしまい、裏打ちもはずしたうえで、シミ抜きをするのだ。

水洗いしてもシミが取れないときは、美術品専門のシミ抜きにまかせる。ひとくちにシミといっても、蚊やハエによるものもあれば、糊の関係や紙じたいの問題、あるいは湿気からくるものもある。

本紙の折れも、表具では、よくきく損傷だ。折れには山型のものと谷型のものがあり、どちらも三、四ミリほどの細長い和紙で裏から切り貼りしてやる。そこで、時代の古い軸ものになると、裏がわにこのかすがい（折れ伏せ）が滝のようにビッシリと貼られていたりして、その緻密さにおどろく。

とくに骨董的価値のあるものをあらたに表装するばあい、取り合わせの裂《きれ》はできるだけ本紙と時代が合うように時代的な調和を心がける。

「時代は多少違《ちご》うてもねぇ……、ものが鎌倉時代のものであれば、それに近い室町時代とか江戸時代の裂を使うとか……。鎌倉と江戸ではだいぶ違うやないか、といわれればそれまでですけど、ね」と尾崎は笑う。

表具というのは持ち主の好みによって取り替えたり、修理のために解体されたりすることが多い。だから五十年後、百年後にも再修理できるように表具師はつねに考えている。というより、それが前提条件。補修のキーポイントだ。

そのために糊は水溶性のものを用いる。紙を濡らせば容易にはがせるが、乾けば弾力性に富んではがれない。要するにはがしやすく、しかも密着度が高い。この矛盾を解決できる糊でなければ。

この糊づくりが、また大仕事なのだ。作業は寒中にかぎる。長時間、薪で炊きあげ、かめに入れ、その闇のなかで十年前後ねかされる。なんと気の長いことか。藤岡光照堂の床下には、そうしたかめが六十ほどねむっている。

配膳は常日頃から、この掛け軸のあつかいを心得ていて一人前なのだ。掛けおろしの際に、うっかり軸を落とすなど、もってのほか。また掛けっぱなしでもいけない。たびたび掛け替えてやすませてやることも必要だ。

軸がもっとも嫌うのは風や雨。揺れ、乾燥、湿気はいたみの原因となる。現代のライフスタイルには、密室での冷暖房など、表具にとっての悪条件が目白押し。その点、むかしのすまいには、障子やふすまなど自然の通気性があり、表具にはうってつけの環境だったわけである。

配膳と調理長との「あ・うん」の呼吸

その夜の〈つる家〉は、大広間も数室ある小間のほうも、それぞれ予約で満杯だった。ことに、月の間、福の間それぞれの大広間では、二十二人と三十三人からの大宴会が催されることになっていた。

午後も四時をまわるころには、料亭内に少しずつあわただしさが波紋のようにひろがっていく。それは祭りがはじまるまえのざわめきにも似ていた。

すでに、それぞれの部屋には灯がともされ、しつらいもととのい客を迎えるばかり。ややあって、芸妓や舞妓がおとずれると、いっそう艶っぽいはなやぎに満たされた。

五時半をまわると客が集いはじめ、つぎつぎに座敷へ通され、仲居がお茶やおしぼりを運びこむ。

座敷では主催者がわのスピーチがおわり、ビールやグラスが出され、待ってましたとばかりに料理が運ばれる。その日のメニューは、つぎの通り。

突出し　生貝ロース煮、サーモン蕪巻き、焼き栗
造り　ひらめ、まぐろ、あしらい一式
吸い物　海老丸、しいたけ、かいわれ、ゆず
焼き物　海老辛煎りだし、小切りなす、青唐辛子、あらいねぎ
炊き合わせ　葉つき蕪ふろふきゆず味噌
小鉢　ひらめ昆布じめ、きゅうり、くわい、みぞれ酢、防風
強肴　魴（ほうぼう）味噌漬け、はじかみ、きゃらぶき
赤出汁　落とし芋、なめこ、つるな
御飯
香の物　在所漬け
果物　洋梨、キーウィ

階下の調理場へ降りてみると、上げ膳下げ膳のたびに、各部屋係の仲居が出たり入ったりしていた。その調理場から先ほどの大広間へ料理を運ぶ列がひとしきりつづく。
配膳台のまえに立ち、つぎの料理を待つ星野のもとへ、客にたずねられでもしたのか、仲居の

ひとりが小間の軸について聞きに来ていた。

調理長、高根沢由男の眼が光る。東京・築地〈新喜楽〉で修業した高根沢は〈つる家〉の調理長をつとめて十年。星野はかれに、座敷での客の動静や食事の進みぐあいなどを詳細に報告し、板場と座敷をむすぶ配膳としてのパイプ役を完璧につとめる。

その星野について高根沢は、「いまみなさん、おそろいになったとか、これから乾杯して始まるとこですとか、きめ細かく連絡をしてくれるので、たいへん心強いです。もし途中で芸妓さんの踊りが入るんなら、それまでに炊き合わせまで出してしまおうとか、こちらも計算できますから」と顔をほころばせる。

配膳からの密な連絡のおかげで、熱いものなら熱く、冷たいものは冷たくして瞬時にサッと出す、という日本料理の真髄が保たれる。

これが国賓の場合になると、さらに細かく厳密な枠組みの時間仕事になる。焼きはじめると何分かかるか、揚げはじめると何分なのか、何分後にどの程度の温度になるのかを、つねに予測できなくてはならない。だから星野の連絡をもとに調理長は時間を測定しながら火を入れ、作業をはじめるわけだ。

何といっても、さいごに頼るものは高根沢自身の舌。とはいえ朝と夕方では味覚も多少異なる。またその日の体調や気分にもよるだろう。

配膳の星野としては、「だから調理長を怒らさんようにしてなあかんのです。怒るとほかの者への指示に影響するし、疲れとなってあらわれます」と配慮もなみなみではない。

緊張や疲労によって、指示する者とされる者との呼吸やリズムが、ともすると崩れることがある。そこで、忙しいときには配膳が道化になって気分転換させ、板場の空気を一新させたりすることも。

また、高根沢がこういう。

「忙しいときはぼく、決してあわてない。ぼくがあわてたら、みんなあわててしまうんです。逆にジッと気もちを落ち着けるんです。すると作業の流れも自然にスムーズになります」と、さすがに料理長の読みは深い。リーダーとしての手腕が問われる場面かもしれない。

客の箸の進みぐあいも料理長としては気になる。とくに外国人客など、日本料理がはじめてか否か、あらかじめ聞いていても、「残さず召し上がった」と報告を受ければ、やはりうれしい。

座敷と調理場、その両方でことが円滑に運ぶためには、配膳と調理長との「あ・うん」の呼吸が必要だ。決められた時間のなかで仕事を終わらせるには一分一秒が勝負となる。

「あと十五分やったら吸い物くらいいけるな、というときは早めに連絡してくれますし……、もし星野さんが居なかったら、そのぶんこっちのほうへ負担がかかってきます」と。

大広間では、月の間、福の間ともに宴たけなわ。やがてはじまる舞台の裏では三味線を合わせる気配が。はなやいだ雰囲気があたり一面に漂いはじめる。星野が舞台操作の位置につく。

晴れやかな場面のかげに、苦汁の日々も

星野は四、五歳ごろから京都で育った。

父親は、わずか七歳で大徳寺あずかり。僧坊で修業を積み二十四歳で住職になる資格を得た。が、一方で政治への関心をひそかに温め、あるとき東京へ出奔、政治家をこころざす。

その東京で昭和十二年、星野が生まれた。しかし時をへて父の師であった政友会総裁の死去により、政治への道が絶たれ京都へもどることになる。敗戦の年、京都市役所軍事課につとめていたその父が、四人の子どもを残して亡くなった。

「貧しさが、いっぺんにドーンと来たんですわ。もちろん、当時は日本中で貧しかったわけですけど」

貧困に加えて注射の副作用による妹の身体障害、そして兄の家出、姉の自殺、と家庭内には嵐のように凶事が相次ぐ。さらに敗戦後の社会的混乱と矛盾が、星野少年をしだいに政治の方向へと傾斜させた。祖父が村長、父が政治家志望という血筋のせいもあったのかもしれない。

やがてかれは、そうしたことにも限界を感じ、しだいに興味を失った。残されたのは孤独感。

そして病気による入院。虚しさを酒で薄め、定職につけぬまま、鬱々と二十歳前後をやり過ごした。

退院後は東映撮影所のエキストラをアルバイトに。ちょうどそのころに病院時代の友人から仕事の口がかかった。それが配膳への第一歩となる。

「行ってみたら、うまいもんは食べられる。酒ものませてもらえる。わりにええなあ、と……。さいしょの動機は単純なんですわ」

この仕事は星野の社交的で人をそらさぬ性分に、ぴったり合った。仕事をいくつかこなすうちに欲がわいてくる。人一倍熱心に仕事に取り組み、重宝がられて仕事も広がった。

配膳の世界には、親方のタイプもいろいろある。さまざまの料亭を得意先に持つ人、おおぜいの配膳を子方としてかかえる人。星野がさいしょに所属した会の小林親方は後者だった。自分の会の子方《こかた》を貸し出すことで収入を得ていた。そこから派遣された先で、かれは藤村という配膳と出会う。

いまでもふとかれの胸中をかすめるのは、この藤村のこと。強烈な個性を放って配膳界に知られた藤村は、後年、生来の気質ゆえ、のっぴきならぬ状況に立ち至り、プッツリこの世界と縁を切ることになる。以来、幻の配膳としてその行方は知れない。

この藤村に見込まれて、星野は小林の会から引き抜かれ、〈つる家〉の配膳として送り込まれることになる。昭和三十七年、星野が二十四歳のころの話だ。

が、諸事万端に神経を張りつめる料亭専属の配膳は、容易なものではなかった。どうにかこうにかやりこなして十二、三年の歳月が過ぎたころ、かれは思わぬつまずきを経験することになる。

当時、星野は居住地域で、自治会連合会長をしていた。地域べつに野球大会が開催されることになり、その決勝戦と同じ日に、大阪での茶会を手伝うよう、主人から申しつけられたのだった。

「新聞社の後援で京都支局長も来てはる。大会委員長でもあったわたしが、途中で失礼しますとはいえませんわ。時間はジリジリと迫ってくる。わたしのチームはドンドン勝ち進んでいく。脂汗かきながら大阪へ到着したころには、とうに茶会は終わってました。満座の人のまえでパンパンパーンと……」

主人の激しい怒りをかった。当然であった。ただちに主人の自宅へ詫びを。ていねいに釈明し聞き入れてもらえた。その件はそれですんだと星野は思っていた。

ところが後日、思わぬ中傷が主人の耳に入る。星野は、じつはプロ野球観戦に行っていたのだ、と。それが主人の逆鱗にふれたのはいうまでもない。以来、主人から直接の指示は一切なくなった。

「主人から疎外されたなかで仕事をするということの辛さ。針のむしろにすわらされたようなもん、とはこうことやな、と。それが二年半ですよ、長かったぁ……」

星野のことばが、ふいに途切れた。深くうな垂れて膝をハシッ、ハシッとたたき、こみあげるものを懸命に押し殺しているのだった。

「いまから考えてみると、やはり仕事のなれからくる気のゆるみ、また思いあがりみたいなもんが、わたしの心のどこかにあったんやないか」と自らをいましめる。それからは地域の民生委員の活動もすこし控えて、いっそう仕事に打ち込むようになった。

岡崎〈つる家〉には、しばしば世界各国から要人がおとずれる。記憶に新しいところでは英国皇太子夫妻。

国賓の接待にあたっては、まず外務省をはじめ関係各省との折衝からはじまる。その説明会には、平安神宮や清水寺など京都関係者が一堂に会する。

〈つる家〉から出席するのは女将に仲居頭と配膳の星野。おとずれる賓客の人物像、性格、嗜好、政治的背景などについてくわしい説明をうけてから設営の準備にはいる。

星野は宴席のレイアウトに心を砕き、主人の指示にしたがって一切のしつらえの任に当たるわけだ。当日の舞台の作動や照明操作はいうまでもなく、要人のまぢかに侍り、席を入れたり介添えをしたりもする。

昭和三十七年のソ連ミコヤン副首相にはじまり、米国フォード、カーター両大統領、仏国ミッテラン大統領、中国鄧小平主席、英国エリザベス女王、英国皇太子夫妻にいたるまで、賓客のすべてを接待してきた。それを星野は光栄に思い、自身の誇りともしている。

だが、そうした晴れやかな役まわりはほんの一瞬。それを支えるためには人知れぬ苦難の積み重ねがあった。これまでにいったい、どれほどの数の宴席を手がけ、これからもまた幾千夜、星野はこうした宴を演出していくことだろうか。

第三章　能と茶の見えない糸

梅の木陰に眠る男の夢のなかには、白の長絹、緋の大口袴の装束を身にまとった梅の精が立ちあらわれる。大伴家持の歌にあった難波の浦の月夜の麗しさを讃え、梅の色香、姿かたちなどさまざまに梅の花を愛で、梅を冠に添えて序の舞を舞う。

東京で雪の降り積もった翌日、京都観世会館では、十五世観世太夫元章作の『梅』が演じられていた。その舞台に出される作り物は梅の立ち木である。楽屋のほうへまわってみると、先ほどの舞台をつとめた梅の立ち木が、廊下の隅で、いま寂として匂っている。

近づいてよく見ると、枝ぶりのよい梅の古木に細い小枝を結びつけ、その先に白梅の造花を一つ一つ丹念に、針金でまきつけてある。が、この梅の盛りもほんの一瞬。その日のうちに解きほぐされて、単なる部品、材料と化すのが憐れ。これを組み立てたり解体したりするのは会館専属の配膳・広野福三。楽屋での煩雑な水場仕事のかたわら、作り物も引き受けている。

舞台小道具の「作り物」

配膳の広野が、苦笑しながらこんなふうにいった。

「シテの先生の身長に合わせて高《た》こしたり低《ひ》くしたりしてね。花の多いのがええ、といわはる人、そんな多かったらいかん、といわはる人、いろいろですわ」

竹組みの台に包帯状の白い布を巻きつけて物立台をつくり、梅の木を立て小枝を接続させて造花をつける。これをつくりあげるのに約二時間。だが、『道成寺』の釣鐘なら二日間かかる。それを思えばさほどではないという。

作り物はそれぞれの流派によって少しずつ異なる。おなじ梅の木でも観世流の舞台で使うのは白梅、金剛流では紅梅となっている。

金剛能楽堂でも作り物をする配膳の広野は、これらを一つ一つ写真に撮り記録しておく。曲目に合わせていつでもつくれるようにするための覚え書きなのだ。作り物といっても能のばあい、演劇などの大道具とは違って、極度に簡略化され、より抽象化されたものになっている。

大正十三年、京都生まれの広野福三は、配膳となって約七年。それ以前はペルシャ湾航路の貨物船・機関部にいた。外国航路で材木や自動車などを運んでいた当時は、よもや能の配膳になるなど思いもよらないことだった。

休暇中に能楽堂の下足番を頼まれたことが、どうやら定年退職後の身の振り方を決めるきっかけになったらしい。

かれは現在、フリーの配膳として、観世会館で水場仕事（楽屋のお茶や食事のせわ）をする一方、大江能楽堂や井上嘉祥閣で下足を取り、金剛能楽堂では作り物師として働く。

能楽堂以外の演能で毎年かかわる仕事としては、五月二十一日西本願寺の親鸞聖人降誕祭、六月一、二日は平安神宮の薪能《たきぎのう》、七月一日上賀茂神社。ことに平安神宮では水場仕事のほかに、能装束の保管のため一晩寝ずの番をしたり、いわゆる白丁《はくちょう》と呼ばれる水干白装束すがたで薪の火入れをつとめたりもする。

広野が親方の辻井隆太朗とともに、作り物をしていると聞いて金剛能楽堂へ出かけた。ふたりは鏡の間で『大会《だいえ》』という曲目に使われる僧侶の椅子のごときものを製作中だった。

いまやほとんど椅子席となってしまった能楽堂が多いなかで、ここ金剛能楽堂は見所《けんしょ》(観客席)はすべて座式。たたみ敷きの桟敷席には巻きあげられた御簾《みす》がかかり、鹿の子しぼりのざぶとんが愛らしい。

橋掛《はしがか》りの白州には、舞台に近いほうから一の松、二の松、三の松と、つごう三本、実物の松が植えてある。この松が枯れたら、広野は親方とともに滋賀県の山まで枝ぶりのいいのをさがしに行く。

作り物の骨組みに使う竹も折れたり割れたりすれば、竹屋に頼んで補充しておく。御所車の竹組みに青い横縞の細長い布を巻きつけながら、「むかしはねえ、もっと配膳の仕事、多かったんですわ」と、親方の辻井隆太朗がいった。

謡曲、詩吟も仕事のうち

辻井隆太郎は明治三十六年の生まれ。鼻緒問屋に奉公したあと、はきものを商っていたが、敗戦直後からたのまれるままに、各種陳列会から葬式まで、よろず配膳の仕事をへて二年後、能楽専門の配膳となった。

リヤカーに能装束をのせ自転車で運搬し、謡や仕舞をならう人たちの発表会（素人会）では、女性たちの袴の着付けもした。おどろいたことに流派によって、袴のつけ方が少しずつ違うのだ。頼まれれば能楽堂の玄関に貼り出す看板書きもやってのける。その一方で広野がいま、作り物を辻井から習うように、辻井もかつて自分の親方から十年ほど学んだものだった。その作り物の手間賃の一部を、

「わたしが親方についてやってたときは、一文も貰《もろ》てしまへんのや。ただ手っ伝《と》うて、まあちょっと親方からお酒よばれたり、あちこち連れてもろたりするだけで、作り物は奉仕でやってましたんや。習ういうても、かってに自分でおぼえたんどすわ、十年ほどの間にね」と辻井。むろんいまは広野に支払っている。

その親方が亡くなってはじめて、作り物の手間賃がそっくりそのまま辻井のふところに入るようになり収入は格段にふえた。が、昭和二十六年、妻が五人の子どもを残して亡くなった。

「家族のなかに九のつくのが三人おったんどす。一番したのが九つ、一番うえが十九、そんでわたしが四十九。家内が患うたのが九年間、胃下垂でね。戦争時分ずうっと、でしてん。どうせ死ぬんやからいうて、家内はいっぺんも防空壕へ入らしまへなんだ」

その後は能楽の配膳としてかなりの収入もあったので、後妻をむかえることもなく五人の子ど

もを養えたという。

現在、能楽の配膳としての収入は、日当一万円、祝儀二千円がきまりだ。作り物の手間賃は平均して五千円ほど。材料費二千円、運搬費三千円、宴会でもあればさらに二千円、食事代千円が加算される。

配膳の一方で、辻井はいま詩吟（梅香流）の師範でもある。二十数名教えていた時期もあるそうだ。

聞き覚えの謡曲も仕事のうち。自作自演の狂言を浮きやかに披露してくれたことも。その軽妙で下世話にくだけた味わいは、厳粛で荘重な能のなかに、一種の緩和剤のような働きをもつ狂言の性格をよくとらえていた。

辻井がベレー帽をかぶり、ひらりと自転車にまたがって走り去るようすは、とても八十五歳とは思えない。南欧あたりの白い路地をゆく好々爺のおもむきだ。

戦前から配膳は能の世界にも出入りしていた。それというのも能楽堂の見所というのは、どこも、ざぶとんにすわる桟敷形式が当然で、下足番はつきものだったからだ。

能楽堂の玄関を入ると壁面に釘がならべて打ってある。配膳は客のはきものを下足札のヒモでその釘にぶらさげ、片方の木札をスッと抜いて客に手わたす。金剛能楽堂も下駄箱を設置してからそうした面倒はなくなった。が、その数は限られているので、いまでも配膳が必要なこともある。

　金剛流家元夫人の君子は、昭和三十四、五年ころまでの能楽堂のようすについて、こんなふうに語ってくれた。

「むかしは下足さんも、なじみの会員さんのお顔見ただけで、べつに下足札わたさなくてもサッとはきものを出してきたもんです。そうすると客のほうも心得たもので、ご祝儀をシュッと……。見所のほうも、いまは冷暖房ついてますけど、以前は大火鉢を使っとりました。手もとには小さな手焙り（手火鉢）を。それとざぶとんを買われてお客さんはご自分のお席にいかれるわけです」

　いまは使われなくなったその手焙りが、水場の隅に積み上げられていた。手提げのついた深めの木箱様のものに、銅《あか》でできた筒状の火鉢がはめ込んであった。

「常時見える方やらには配膳が、みな、おざぶとんと手火鉢をちゃんと桟敷まで運んでいくわけですわ。そうするとお茶代以上のもんをサッと包んでくださるんですよ」と家元夫人はいう。そして、いまだに盆・暮になると、忘れず祝儀を包むひいきの客がいるとのことだ。

　また楽屋でも、能楽師へのお茶や暖をとる火鉢に、炭火は欠かせない時代だった。そこで、配膳は下足だけでもふたり、楽屋や見所など水場仕事にふたり、すくなくとも四人ほどは必要になる。

　夫人が笑いながら、「むかしは日がな一日、おくどさん（かまど）のまえで薪くべてお湯わかすだけが自分の仕事、ちゅうよな人もおりましたですよ」といった。

囃子方ではいまでも炭火は必需品。なぜなら、「大革《おおかわ》を、お火鉢の火で焙じてカンカンにあげるんです。それでチャーンというい音が出ます」と夫人がいうように、暖房としてより、むしろ小道具の手入れのため。

大革とは大鼓《おおつづみ》のこと。この大鼓には牛革が使用されていて、その手入れをするのに、灯油やガスは水分が出るから使えないのだ。まず火鉢のまえに焙じ台を置き、鼓からはずした革をひろげ、炭火で焙じあげて乾燥させる。いまは能楽師自身が焙じているが、むかしは辻井のように、年季の入った配膳にまかせることもあった。

能には、もともと作り物師という専門職があって、それが配膳をかねていた。だから作り物師というのは、どの曲目にはどの作り物が必要か、その寸法や図柄、また流派ごとのつくり方の違いも知っていなくてはつとまらない。

もちろん各能楽師の家で作り物の記録を保持しており、それぞれでつくることはできる。だが東京では、そういう専門職がなかったため、同門の弟子にまかせてきた。

ただし演能当日、その作り物を舞台へ運ぶのは配膳ではなく、後見《こうけん》（舞台上の後座《あとざ》にひかえ装束の乱れを直したり小道具を手わたして舞台の進行をたすける）の役目である。

配膳が舞台に物を運ぶのは、春と秋の年二回おこなわれる素人会のときだけ。緋の毛氈を敷き見台を出す。この出し方にはコツやタイミングがあって位置も決まっている。

お寺などでの法要の際、追善のため謡曲を披露することがある。そんなおりに、住職から見台と毛氈を出すようにいわれてこまった、という話を以前、ほかの配膳から聞いた覚えがあった。家元夫人も、こんなふうにいっている。

「能のほうへ来てる配膳さんでないと、そういうようなことは、ぜんぜんできませんわね、どのへんに置いたらいいかということは。つまり曲がいつ終わるか心得ている人でないと……。楽屋のお茶碗洗《あ》ろたりしながら、あ、もうじき済むな、ちゅうと切戸口《きりとぐち》へ行って、見台引いたり毛氈出したりするんですから」

じっさいに謡はできなくても、長年の経験で、そうした文句や終わりごろの調子はつかめるものらしい。

素人会の招待客に抹茶のサービスはつきものだ。御簾がかりの桟敷に毛氈を敷いて茶席をしつらえ、お茶の先生のお点前で一服。あとは廊下で人数分を点出《たてだ》しする。そんなときには配膳もむろん、かり出される。辻井はそのために裏千家に数ヶ月通った。

京都では能の世界もまた、茶となんらかのかかわりをもっている。金剛能楽堂は、かの千利休の茶の師匠・武野紹鷗《たけのじょうおう》の屋敷跡であった。その当時の井戸が切戸口のすぐかたわらにのこっている。偶然とはいえ不思議な縁ではないか。

現在でも裏千家の初釜では、金剛流の家元によるご祝儀の謡が披露される。それがむかしからの習わしとなっていることも、能と茶のかかわりを考えるうえで興味ぶかい。

新幹線で茶釜を運ぶ

二月二十八日は千利休の命日で、毎年、大徳寺聚光院では利休忌が催される。そこには、ちゃんと三千家の墓があって、水で清められた墓石に花々が彩りを添えていた。

千家というのは、利休にはじまり、少庵、宗旦とつづいて、この宗旦の代で家が分かれる。のちに表千家となる三男・江岑宗左は紀州徳川家に、また裏千家になる四男・仙叟宗室は加賀前田家に仕官した。

一方、家を出て塗師となっていた次男の一翁宗守も、高松の松平家茶頭をつとめたあと、武者小路で一流を立てた。官を辞したあとで家を興したので官休菴という。

ちなみに表千家、裏千家もその茶室名をとって、それぞれ不審菴、今日菴と呼んでいる。そこに官休菴を加えて、三千家の通称となっているわけだ。

年が明けての初釜は、例年の通り、裏千家が一月七日から十三日、表千家が十日から十四日、武者小路千家が十五、十六日に、それぞれの茶室で催される。また月の半ば過ぎになると、こんどは東京でも。配膳の矢田平八郎は、東京・表千家の初釜に上京することも多い。

その際に配膳が京都から運んでいくのは、茶釜と炉縁、それから招待客への土産用の干菓子。しかも菓子は表千家と裏千家では、それぞれ菓子匠まで違う。表千家なら干菓子は〈亀屋伊織〉、主菓子は〈虎屋〉。が、裏千家になると、干菓子は〈末富〉、主菓子は〈川端道喜〉に変わる。

茶釜はその年の干支にちなんだものがよく選ばれる。表千家では、ときには利休の釜を運ぶ年もある。桐箱に収められた茶釜をふろしきに包んで自宅へ持ち帰り、一晩あずかってあくる日に新幹線で運んでいく。

責任重大でしょう、と問いかけると、矢田は即座に、「そら気が重いですよ。ふろしきに包んだぁるから何もわからへんのやけど、こっちとしてはねえ……。足もとに置いて、〈割れもん注意〉ちゅう札つけたりして、いろいろ気ぃ遣うてるんですわ」と肩をすくめた。

矢田家は父親の代から息子まで三代続いての配膳。八十歳で亡くなった父親は、もと実川延若の弟子で、延司を名乗る歌舞伎役者であった。役者をやめてからは四十年間、配膳として働いたという。

昭和八年生まれの平八郎も東映時代劇の映画スタッフだった。が、ちょうど配膳の隆盛期、昭和三十年代後半から配膳に転身。おもに茶席中心の仕事に従事してきた。

初釜で配膳がする主だった仕事といえば、まず懐石料理の膳組み。杉箸を百膳ほど、あらかじめ水につけ、ぬれぶきんにつつんで配膳棚のうえに用意しておく。黒塗りの膳についたチリやホコリを配膳用の羽根で払い、縁高《ふちだか》をならべる。膳を出す寸前に箸を置き、そのうえに朱塗りの盃をふせる。このとき膳や盃の木目がかならず横になるよう留意する。

料理を器に盛りつけるのは、表千家では、〈柿傳〉の仕事である。表千家の懐石料理は例年、つぎのごとしだ。

その献立は亀甲縁高の塗り物に、細巻き玉子、竹筒に雲丹のくらげあえ、花ユリネ、ごまめ、黒豆、長老木《ちょうろぎ》の松葉刺しを盛りこむ。敗戦後しばらくは、このおなじ素材を片木板と皿で分けていたが、三十年ほど前から縁高で一つに盛りつけるようになった。

向附には柿なます、新巻鮭の造り、梅麩。蒸し寿司は焼き穴子、鮒の焼き身、しいたけ、かんぴょう。煮物椀には鴨の切り身とのし餅、色紙人参とうぐいす菜をあしらった鴨雑煮といったぐあい。

煮物椀はあらかじめ風呂のお湯より熱め、手が浸けられるほどの湯であたためておく。これは漆器をあつかうときの基本である。

「お椀を見たら、そこの家の使い方がようわかりますね。急に熱い汁を入れたりしたらあきません。漆の色が変わったりはげたり、ひどいときはヒビが入って器をいためますわ」

そう語るのは、料理人として四十数年、表千家と武者小路千家の懐石料理を担当している〈柿傳〉の木村淳郎だ。

なお、この初釜で懐石料理を茶席まで運び入れるのは、配膳ではなく千家十職の手によるとのこと。配膳が料理の器に手をふれることはない。

器を取り除けた膳だけが配膳のところへ戻ってくると、箸をはずして盃だけを洗う。膳が汚れているなら洗って拭きあげ、ふたたび新たな箸を置き盃をのせるだけ。初釜での配膳の作業手順は、表千家でも裏千家でもおなじとか。

裏千家の大膳職方は〈辻留〉。〈柿傳〉と同様〈辻留〉も、京都では茶懐石専門の仕出し料理屋だ。いざ仕事、というときは、あらゆる調理道具が職人と一緒についてまわる。炭、焼台、七輪のたぐいまで。

たとえば裏千家の初釜に用いる餅焼き用の焼台などは、五十×七十センチくらいの巨大なもの。これで一度に七十から八十個の餅を焼きあげる。もちろん炭火だ。

「こういう風なこととしてるから雑煮がおいしいんやと思います」と〈辻留〉京都店の平晴彦も柔和な面持ちになる。

とくに初釜ともなると、裏千家の大台所では、かまどに薪をくべて雑煮の材料や八寸の盛り合わせを蒸しあげるのだ。

「ぼくらの仕事で、かまどを使うのは初釜だけかなぁ」と。ススが出るので顔も鼻のあなも真っ黒け。とくに髪の毛が一番汚れるとのこと。

こんなふうに調理道具一式をたずさえて、出仕事をする仕出し専門の料理屋は、京都ではめずらしくない。この仕出しがあってこそ配膳という特殊な職業も成り立つ。

裏千家の月釜として桐蔭席で出される茶懐石料理も〈辻留〉の仕事。矢田が、この茶席で配膳をつとめている。

仕事はまず、待合の火鉢に炭を入れたり、炉の種火をおこすことからはじまる。炉には胴炭を最初に置き、それから種火を入れるわけだが、種火のおこし方にもコツがある。矢田にそのコツを教えてもらった。

「種火ちゅうのは、まず七輪で炭おこすでしょ。冬場はこのおこったほうを反転して上向けて入れるんですわ。こうすると、ぜったい消えない。夏場になると、おこったほうを下向けにしたまんま入れるんです。そのほうがおこりがいい。これはもうテキメンですわ。おこりの悪い炭を入れとくと中毒にかかったりするもん」

このあとは、茶の湯をわかして釜に入れ、待合と点心席に毛氈を敷き、〈辻留〉の道具が届くのを待つ。

桐蔭席では、正客、次客、三客あたりまで、亭主みずからが料理を運びいれる。以下の客には、社中の手がたりないときにだけ、配膳も料理を運ぶことがある。

茶席に膳を持って入る際には、ひとつ約束事がある。室内へ足を踏み入れるときの第一歩が、なんと裏千家なら左足から、表千家では右足から、と決まっている。たいへんな世界だ、とおそれいった。

桐蔭席以外で水屋仕事を手伝うときには、配膳も茶を点てることがけっこう多い。千家の同門の会合などのように、とくに何百、何千もの大寄せの茶会となると、正客、次客以外の点出しには、配膳の手をかりなければならない。

そのためには三千家のお点前《てまえ》の違いというものを、配膳も心得ていなければならない。飲めばおなじじゃないか、とはいえないのだ。

「表千家の場合は、残月いうて泡が残月みたいにスーッと残るような点て方で。裏千家なら全面に細かい泡が立つようにせなあかんしね。逆に官休庵の場合は、茶せんを振らずにクルクルとまわして泡を点てんようにせんと……」

そのコツがのみこめていないと、どうやら水屋仕事の配膳はつとまらないようだ。配膳の仕事に茶の湯は切り離せない。茶についてひと通り理解していなければ一人前の配膳とはいえないのだ。それは能専門の配膳にしてもおなじことである。

茶の湯の茶碗や茶杓など茶道具には、たいてい銘がついている。茶道具はもちろんのこと、使う抹茶や菓子にまで。しかも銘は謡曲のなかから採られていることが多い。千家の人々が子ども時分から、たしなみに謡や仕舞を習わされるという話にも、なるほどと納得がいく。

狂言には、茶の湯にまつわる話があったり、じっさいに茶道具が出てきたりする。また能の曲目『鉢木《はちのき》』など、ある極限状況での他者にたいする一期一会の応接を描くわけだから、茶の精神に通じるのではないか。

能と茶——利休の師である武野紹鷗、そのまた師である村田珠光は、大徳寺真珠庵・一休禅師の弟子にあたる。この一休に参禅して演能上の指導をうけたのが金春禅竹。観阿弥、世阿弥につづく能作者であった。

能と茶は、ともに禅と深いかかわりを持ち、室町という時代の精神をかたちづくったといえるだろう。

第四章　点心づくり

なごりの桜が微風に舞って川面に散り、ゆるやかに流れていく。四条大橋をわたって東にむかう。四条通、〈一力亭〉のかどを花見小路に折れると、お茶屋が軒を連ねている。簾、暖簾、犬矢来、格子の窓からほのかにもれる明かりが艶かしい。祇園はちょうど〈都をどり〉の真っ最中。軒先に紅い提灯《ちょうちん》がにじみ、道の両端に立つ行灯《あんどん》が路地の闇をうすめていた。

その通りの先に、日本最初の禅刹・建仁寺の門が見える。この寺は八百年ほど前、建仁二（一二〇二）年の建立。禅僧栄西が鎌倉二代将軍、源頼家の庇護のもとに開山したものである。栄西は二度目の入宋のおり、かの地から茶種を持ち帰った。鎌倉時代の初期、かれは禅宗寺院を中心に茶の栽培を広め、その著『喫茶養生記』で抹茶の製法や飲み方、茶の効用を説いている。茶祖といわれるゆえんだ。

四月十九日夜、建仁寺の庫裡《くり》（台所）には遅くまで明かりがともっていた。それというのも翌日二十日、毎年開かれる四つ頭茶会の点心づくりに追われているからだ。

裏門から入って庫裡の重いガラス戸を引き開ける。土間に据えられたかまどには、三つの大きな鍋がかかり、湯が煮えたぎっていた。スノコを踏んで黒光りする板の間にあがる。流し場ではすでに、きれいに切りそろえられたカボチャや長イモが流水にさらされていた。賄いの女性たちが七、八人、忙しく立ち働くなかに吉崎潤治郎のすがたがあった。

コンニャクをお干菓子に

二十数年来、建仁寺で大きな行事があるたびに、吉崎は賄い仕事を引き受けている。かれにとって、ここ建仁寺の庫裡は「わが愛すべき台所」といったところだ。

建仁寺の賄い方として四十年つづいた〈矢尾伝〉。その三代目をつぐ野住町子など女性陣が仕事をしやすいように、段取りをととのえてやるのが本来、吉崎の役分だった。

それがいつの間にか、先代〈矢尾伝〉のやり方を見よう見まねで覚えるうち、かれは料理までこなすようになる。いまではキュウリとしいたけの和えまぜやコンニャクの炒り煮など、すっかりかれの十八番となった。

大きなすり鉢と、すりこぎ代わりに野球のバット。これで二升のゴマを、小一時間すりまぜるのは容易ではない。和えまぜ用のゴマをすりあげると、こんどはかまどにかけた大鍋のまえに立つ。コンニャクの炒り煮にとりかかるところだ。四十丁ほどのコンニャクを、それぞれ三十切れずつのサイコロ状に切り、熱した鍋のなかへ一気に放り込む。

たちまち鍋から雷鳴がとどろく。吉崎が大きなしゃもじで力いっぱい、鍋ぞこからかきまわす。焼かれた鍋はだをコンニャクがはねまわる。バリバリ鳴る音は、トタン屋根のうえに、ヒョウでも降るかのようだ。こうしてよく水切りして油を入れ、しょうゆで一時間半煮込む。このコンニャクを吉崎は、かれこれ六、七年つくりつづけている。
首にかけたタオルで汗をぬぐいながら、「これはだいたい、あしたの茶会の菓子代わりですわ。こうやってよう煮込んで、さいごは、コンニャクか何かわからんようにしてしまうんです」とかれはいった。

建仁寺では何かというと、このピリコンに似たコンニャクの炒り煮が使われる。いつのころから茶菓子代わりにつくられはじめたのかはわからない。もともとコンニャクいもは山野に自生していたはず。それがいつしか調理され、菓子など思いも寄らない時代、その代用になったとしても不思議はない。

また同じ臨済宗の大徳寺で、よくお茶うけとして出されるものに「大徳寺納豆」がある。寺納豆とも唐納豆とも呼ばれ、もとをただせば中国の禅僧の携帯食。宋の時代、留学した僧侶が持ち帰ったというその製法を、一休宗純が大徳寺に伝えたのだ。

その一休禅師から納豆の製法と屋号を、じきじきに授けられたのが、大徳寺門前の精進料理屋〈一久〉である。

大徳寺開山以来、〈一久〉は、この寺の納所方《なっしょかた》（料理方）をつとめ、精進料理の老舗として名高い。が一方で、一休秘伝の納豆を五百年あまりにわたっていまに伝えているわけだ。

ひとくちに納豆といっても、蒸した大豆を発酵させてつくる、あの糸引き納豆とは、まるっきり違う。いうなれば禅僧の墨染めの衣のような渋い色合いにほのかな香り。

やわらかなその一粒をくちにふくんでみる。味噌にちかい塩味と独特の風味……。うーむ、まさに禅味そのもの。それ自身の味わいというより、くちにするお茶ならお茶の持ち味を引き立ててくれそうだ。

ときには茶事の干菓子代わりに、相応の器にのせて供されることもある。またおかゆやお茶づけ、酒の肴に、大徳寺では常備食として欠かさない。〈一久〉では、こしらえた納豆を戦中戦後の食糧難時代に、七年間もたせた実績があるそうだ。

当主・津田忠男は、「その当時は冷蔵庫ちゅうておへん。あっても氷ですわ。そらもう七年間、暑さ寒さ越しまっしゃろ。それでも味はそんなに変わらんと、たいしたもんですよ」と誇る。昨今は塩のかげんもおさえ、さほどもたせる必要もないので、毎年使い切ってしまう。

納豆づくりは七月から九月にかけての暑いさかりを選ぶ。蒸した大豆に麴かびを発生させ、それを塩水につけて発酵・乾燥させる。くちで言うのはたやすいが、その苦労は並たいていではない。

ポイントはまず大豆や麦など材料の選定にある。そして木製のたる。これがプラスティックやブリキだとうまくいかない。木製だからこそ水分を吸収して主成分にコクが出るのだ。ともあれ自然にかぎる。さいごに水質がものをいう。そこは山紫水明の都、むかしほどではないが、まだまだ東京の比ではない。

〈一久〉主人の津田忠男は明治四十一年の生まれ。六十年間、納豆の伝統を守り育て、大徳寺の料理方として精進料理にたずさわってきた。

「料理ちゅうようなもんはだれにでもできます。しよう、思うたらバカにでもできますねん。ところが、このバカにはなかなかなれまへんのや」そういって、津田忠男はツルリと頭をなでた。

四つ頭茶会のための一大交響曲

さて、話を建仁寺へもどそう。あけて二十日の当日、吉崎以下賄いの女性たちは早朝五時から仕度に入った。フキやカボチャも色よく炊きあがり盛りつけを待つばかり。台所の一方では五升炊き用の電気釜が三つ、ゴトゴト振動し湯気を吹きあげていた。

つぎつぎ手伝いの女性が増え、きょうの茶会の用を足す配膳もおおぜい集まってきた。僧侶のほかに、こうした配膳や助仲居も含めて約百人分の弁当、そして茶会の客の点心が約八百。余裕をもたせてほぼ千人分に近い食事を用意するわけだ。

配膳は祇園あたりのお茶屋の「艶なる宴」にはべる一方で、また寺院でのこうした「聖なる儀式」をもつとめる。そういう異質の世界を行き来するところに配膳というしごとの特異性がある。

廊下づたいに青白の幔幕が張りめぐらされ、茶会がおこなわれる方丈（本堂）へとつづく。ひろびろと開けた前庭へ張り出すように広縁がのびて、方丈南側三室と接している。中央の広間を室中《しっちゅう》、むかって右側を礼間《れいのま》、左側を檀那間《だんなのま》とよぶ。

室中正面には、この日が降誕祭にあたる栄西の画像、その左右に室町の画人・秋月筆《龍虎図》を配した三幅対。そのまえに三つ具足（香炉を中心に、右に燭台、左に松の枝を差した花瓶）を置き、部屋の中心には青貝をはめこんだ小卓、そのうえに青磁の大香炉といったぐあい。茶室を飾る道具立てはすべて唐物、つまり禅僧の往来によって中国からもたらされた仏具類であった。

室中四方には客がすわれるように畳がまわり敷きされ、檀那間には客人が休息できるように、ざぶとんが間隔をおいて整然とならべられていた。礼間には茶会に使用される茶せんと浄瓶《じょうびん》、天《てん》目《もく》茶碗や縁高が用意されている。

その縁高のなかをのぞいてみた。懐紙のうえに紅白の紋菓（寺紋入りの菓子）がふたつ。そして手前には艶やかな椿の葉のうえに、昨夜、吉崎が炒り煮したコンニャクがひとつ。客はこのコンニャクだけをいただき、紋菓はたいていい持ち帰る。

八時に法要がはじまった。七時まえから玄関受付にならんで待っていた客のうち、最初の三十六人が広間に入る。形式は、いわゆる四つ頭であるから客は四グループに分かれる。頭の主客が四人、それぞれに八人の相伴客がつく。で、一席につき計三十六人。栄西禅師への焼香、献茶、礼拝が終わって、八時半にいよいよ一席目の茶会がはじまる。

前庭を背景にして四人の僧侶が広縁に待機している。一方、おなじように四人の配膳が、礼間から主客それぞれの縁高と天目茶碗（すでに抹茶が入れてある）を受け取り僧侶に手わたす。僧侶がそれを室中に持って入り四人の主客に受け取らせる。

つぎに配膳は相伴客八人分の縁高をのせた長方形の膳を、めいめいささげて僧侶にわたす。僧侶はそれを相伴客に配り終えると長膳だけを持って広縁にならぶ。

配膳がそれを受け取りに行く。同様にこんどは丸盆にのせた八人分の天目茶碗を運ぶ。そしてまた丸盆だけを受け取りに行く。

さいごに湯の入った浄瓶（口先に茶せんをかぶせてある）を運ぶ。僧侶はそれを配膳から受け取って、それぞれの客のまえで湯をそそぎ、中腰のまま茶せんをまわして茶を点てるのだ。一席に要する時間はおよそ二十分。これをその日、ぜんぶで二十二席分おこなった、とあとで聞いた。

以上の茶会は禅における茶の作法にのっとっておこなわれるのだが、僧侶や配膳の動きには一定のここちよいリズムがあった。こうした茶礼《されい》は鎌倉中期にさかのぼる。

台所ではすでに配膳台に丸いお重がズラリとならび、盛りつけがはじまっていた。吉崎が、流れ作業でおこなう盛りつけの手順を指示している。

お重のなかみは湯葉にフキ、長イモにカボチャ、桜麩を二、三片散らして。そしてキュウリとシイタケの和えまぜを。

「揚げ昆布はな、油が出よるからさいごにせなあかんぞ」吉崎の声がとぶ。片がわではご飯の用意。蝶の抜き型で押してゴマを少々散らし、タクアンをふた切れそえる。

「そんなもんに五人も六人もかかってどないするんや。あのな、ご飯よそうのがひとり、型抜くのがひとり、あとのひとりが薬指でゴマつけて、親指と人差し指でタクアン置いたら、そんでええやないか。あたま使わな、ゆび五本あるねやから」陣頭指揮にも容赦ない。

ご飯を入れた丸重が配膳台いちめんにならんでいく。たちまち場所がふさがった。それを吉崎がピラミッド型に積みなおすように指示する。

吉崎は土間に下り、かまどにかけた吸い物の味つけをはじめる。しょうゆを一升瓶からじかにドボドボ注ぎいれ、調味しながらも目は板の間の動きを追う。

ひとの動線のじゃまになる箱や電気釜をひっこめさせ、配膳が運び出しやすいように物を移動させた。はじめのころのまごつきや、ひとの流れのとどこおりが、やがて潮がひくようにおさまり、なめらかになった。

まだうらわかい修行僧がふたり、手伝いに顔を出す。十一時になるとさらに配膳の出入りが激しくなった。できあがった点心弁当が、つぎからつぎへと運び出されていく。

あとで点心をいただいた。吉崎自慢の和えまぜがおいしい。それにしても料理する配膳というのは、ほかにない。

建仁寺の厨でくりひろげられるこの一大交響曲。準備段階の序章から空になった器がもどってくる終章まで、吉崎の先をよむ指揮ぶりでみごとに流れていく。かれは土間のかまどのまえに陣取り、肩にひっかけたタオルで何度もひたいの汗をぬぐいながら、いきいきとしてひどくたのしげだった。

禅寺と茶のかかわり

そもそも建仁寺の茶会に配膳を使うようになったのは、いつのころからだろう。建仁寺山内・久昌院住持、野田文外に聞いてみた。鎌倉時代に開山の建仁寺、中国では宋。

「むこうで開山さん（栄西禅師）が習ってこられて、それで四つ頭茶会をやりかけたんやから……。そのころ、配膳さんなんてまだあらへん。配膳さんにお願いするようになったんは、最近のことですわ」とのことであった。

四つ頭での「供給《くきゅう》」（道具を持って室中へ入る役目）は、すべて僧侶がおこなう。その供給まで運ぶ役目を「提給《ていきゅう》」といい、現在では配膳がつとめる。

この提給というのは、そもそも寺へ出入りする職人、たとえば大工、仏具屋、植木屋、衣屋、瓦屋、樋屋《とゆ》、菓子屋などがになう役割であった。それを配膳が代行するようになったのは最近のことだ、と住持はいうが、よくよく聞けば昭和三十年ごろの話なのであった。

もともと禅宗の寺なら建仁寺に限らず、どの寺でも四つ頭茶会をおこなっていた。たとえば「清水《きよみず》さん（清水寺）でもしておられたんですよ。いまはどうか知りませんけど」と。

開山忌で役についたお坊さん（役配）が、おつとめが終わってからの御斎《おとき》を、その決まり（食礼）にしたがっていただく。そのなかのお茶、つまり食事がすんだあとでのむお茶なのだ。だから本来は食事が主、お茶はあくまで従のもの。そのお茶のところだけをピックアップして一般の人にふるまうことになったのである。

「ふつうは〈特為茶《とくいちゃ》〉というて、特別にご招待した人だけのお茶会になるはずなんやけども……。珍しいお茶会やし、いわゆるお茶の流儀の源や、というようなことで、いっぺん、どんなんか参加してみたい、という希望者が増えていったんですわ」

というわけで、日に何回もという羽目になった。そうなると僧侶だけでは到底、手におえない。で、提給だけは配膳の手を借りることになった次第。

本来なら主客の四人は僧侶、それにお相伴する八人のお連れが、法要にお参りした檀信徒（檀家と信者）と決まっていたのだ。住持はつづけて、「戦前はなかったんですよ、一般の人がこんな風にするちゅうようなことは。戦後は何でも民主的にせないかん、いうことでね」と首をすくめた。

一般公開ともなれば、茶会も二席や三席ではおさまらず、しかも主客の僧侶が、そう何回もお茶ばかり飲んでもいられない。一席ごとに主客を交代させようとすれば、二十席なら八十人の僧侶が必要。そこへ供給など役配の僧を加えると、もうとても対応しきれない。で、待合で四列に並んだ一般客の、それぞれ先頭の四人に主客をお願いすることになった。

建仁寺では茶会だけが発展したけれど、もともと四つ頭は禅宗寺院の食礼にもとづいた様式で、喫茶喫飯の一部分なのである。

お茶には覚醒という薬用効果があるので、禅僧の修行に不可欠のものだった。はじめは日常的に飲む行為だっただけのお茶が、禅寺のなかで儀式化され喫茶作法として育っていったわけだ。茶禅一味などといって、茶の精神性が云々されるようになるのは、もっと後世、草庵茶の湯以降のこと。この四つ頭の食礼には、今日の茶や懐石料理に引き継がれるものが多い。

ところで修行僧は、日ごろどんなものを口にしているのだろう。料理は典座寮《てんぞりょう》と呼ばれる食事係が担当する。

僧堂（雲水たちの修行道場）の朝は早い。ふつうの日で午前三時半の起床だ。いきおい朝食（粥《しゅく》座《ざ》）も早くなる。でも食べるのは、ごく薄いかゆとタクアンだけ。

昼食は斎座《さいざ》といい、十時すぎにははじまる。朝が簡素だから昼こそは腹の足しになるものが出るのではと思いきや、ご飯に味噌汁か吸い物。それに斎器《さいき》（漬物）がつくていど。これだけで夕方までの作務《さむ》（掃除、風呂たき、農作業など一切の仕事）をこなす。

さては夜こそはご馳走まちがいなしとだれもが思う。あにはからんや、夕食（薬石《やくせき》）とは、もともと昼食の残りを薬としていただくものなのだ。で、その残り物で雑炊をつくり、あとは漬物のみ。かくて一日の食事は終わる。ああ、無情。

こうした僧堂の暮らしぶりでは、外出先でいただく点心（禅宗ではテンジンと発音する）は僥倖のようなたのしみに違いない。

「たまに信者のかたから、命日のお参りをしてほしい、という申し出があるんです。そのときに点心をご供養さしていただきます、ということでね。信者のかたは、日ごろ雲水が僧堂でどんなものを食べているか、よくご存知で……。だから外に出られるときくらい、ちょっとご馳走あげんと気の毒や、いうことでね。そういうときは、もう精進料理であろうとなかろうと、なんでもよろこんでちょうだいする。日ごろお腹が減って減ってしょうがないんでね」

そのあたりの事情を住持・野田文外は、こういいながら眉を開いて高らかに笑った。

僧堂では自給自足が建前なので、毎日セッセと畑仕事に励んで食材を採取しなければならないし、擬製豆腐にしろ胡麻豆腐にしろ料理はすべて手づくりなのだ。

大寄せの儀式のときには、先に書いた寺の賄い〈矢尾仁〉に、そして客人に本格的な精進料理を供する折は、高辻堀川にある〈矢尾治〉にまかせる。

禅寺の料理の根本について、住持はこんなふうにいっている。

「肉や魚というのは、それ自体に味があるから、焼くだけでも食べられるんやけど、大根や人参などの野菜類は、人の手を加えてやらんことには食べられんでしょう。それだけ手間ひまかかるんです。誠心誠意、心をこめて煮炊きしませんとね。そこが精進料理の出発点やないかと思いますわ」

それは先の〈一久〉主人・津田忠男の「精進をする料理」という考え方にも通じているのではないか。

精進料理が今日の懐石料理にあたえた影響は大きい。料理法はもちろんのこと、著しいのは、その食事作法だろう。懐石での約束事の多くが、禅院での食礼に端を発しているからではないか。とくに茶事と食事が密接な茶懐石は、禅院の喫茶喫飯の儀礼を手本にしているといえるだろう。

京都の路地から路地へ托鉢してゆく雲水のすがたを時折、目にすることがある。深くかぶった網代笠《あじろ》に薄墨色の衣、白い脚絆にわらじすがた、それに建仁寺なら「建仁寺僧堂」と書かれた看板袋を胸にさげて。

文字通り行雲流水のごとく托鉢する修行僧のすがたは、時として美的ですらある。座禅を組むのを「静の修行」とするなら、料理、托鉢、掃除は「動の修行」だ。

藍色の作務衣《さむえ》を着た僧のすがたが見える境内を抜けて外へ出る。風が一陣。くずれかけた長い土塀に桜の花びらが、ひとしきり散りこぼれている。

習い事にでも出かけるのか、普段着すがたの芸妓がふろしき包みをかかえ、下駄を鳴らして路地からひょいとあらわれた。

祇園のこの界隈では、あでやかな袂《たもと》と墨染めの衣の袖がすれ違うことも稀ではない。京都は不思議な町である。

第五章　祇園さん

京都の夏はことのほか暑い。その暑さにはただならぬものがある。まるで戦乱の世の怨霊がからみついているような暑さだ。

話は、はるか平安京のむかしにさかのぼる。京に都が遷されたおかげで人口が急増し市中は繁栄した。その繁栄にともなって建築資材のために樹木が夥しく伐りだされた。森林の伐採は河川の氾濫を招き、洪水による疫病をもたらす。天然痘や赤痢などの伝染病が蔓延したので、京の人々は、これはなにかのたたりではないかと思った。

一方、打ち続く戦乱のなかでの権謀術数。志を得ることなく廃位、配流、暗殺、死罪などの憂き目に遭い、無念のさいごをとげた人々の情念が、怨霊となって京の町をさまよう。その怨霊のたたりでは、と京の人たちが考えたとしても無理はない。

その霊を鎮め、天災や疫病など超自然的な力を祓うために御霊会《ごりょうえ》が創始された。京都の祭りのほとんどが、この御霊会にむすびついている。祇園祭は祇園御霊会といい、御霊会の代表格である。

祇園祭は、なによりもまず八坂神社の祭礼だ。この神社は明治元年の神仏分離まで、祇園社または祇園感神院《かんじん》と呼ばれていた。そして祇園社時代の祭神であった牛頭天王《ごずてんのう》に代わり、スサノオノミコトが祇園の祭神に定められた。

このミコトと疫病退散の伝承について、料亭〈菊乃井〉の主人村田吉弘から聞いた。

スサノオノミコトが南海へ修行の旅に出たときのこと。食べ物にも事欠くような貧者、蘇民将《そみんしょう》来《らい》という人物に手厚くもてなされた。そこでミコトは蘇民の末代まで疫病から守ることを約束。疫病の流行ったときは、蘇民将来の子孫であることを証明するため、茅《ち》の輪をつくって腰に下げるように命じたのだ。

この白茅《ちがや》の輪が、すなわち粽の起源。そこで祭りの間、町で売られるチマキには、かならず「蘇民将来之子孫也」と書かれた札がつく。

祇園祭の期間中、〈菊乃井〉では、この茅の輪を料理にあしらって祭りの演出をするそうだ。前菜の盆には八坂神社の三つ巴（裏紋）と木瓜《もっこう》（表紋）を蒔絵で描き、茅の輪に見立てた笹の輪を、三つ合わせて立たせ、三つ巴の紋をかたちづくる。そこに笹の葉を添えて、「蘇民将来之子孫也」と書いた札をつけるということだ。

また蘇民将来は、八坂神社の境内にある疫神社の祭神でもある。で、祇園祭の始まりの六月三十日と終わりの七月三十一日には、社殿前の石の鳥居に、大きく茅の輪を取りつけ、その輪をくぐることで、厄除け祈願をする神事がある。この疫神社の夏越《なごし》祭で、一ヶ月に及んだ祇園祭が幕を閉じるのだ。

祇園祭に直接、かかわっている配膳はふたり。金剛能楽堂のなかで菊水鉾の協賛茶会を手伝う吉崎潤治郎と、長刀鉾で稚児のお世話をする高井石雄である。

高井に教えられて七月十二日、長刀鉾町へ鉾の曳き初めをのぞきにいった。

四条室町「鉾の辻」界隈では、組み立てられたそれぞれの鉾が、大通りの片側で偉観を誇っていた。鉾の車の直径は、なんと大人の背丈を上まわり、鉾ぜんたいの高さは二十メートル以上もあろうか。頂上に鋭く光る長刀の切っ先が、うっとうしい梅雨空を突き刺していた。

四条烏丸の交差点から東洞院まで、四条通の両側が長刀鉾町で、ビル群が林立する目抜き通りである。そのなかにある外市《とのいち》株式会社という呉服屋が、町内会の会長を引き受けている。実際の任にあたるのが、常務取締役の村尾経理部長。

村尾の話によれば、現在、町内に居住しているのは二軒。つまり夜になると、長刀鉾町内で寝ている人数といえば、一軒にひとりずつで、たったのふたり。むかしは東洞院から烏丸まで小さな店が並んでいたのだ。

そこで鉾当番がまわってきても町内には子どもがいない。で、ほかの地域から借りてきた子どもを長刀鉾町のお稚児さんとして面倒をみることになった。もともと稚児というのは、氏子のなかから選ぶものであり、稚児の食事から風呂の世話まで、すべて男手でおこない女性は一切タッチしない。

また昭和四十八年ごろまでは、配膳の役割もいまよりずっと多かった。稚児に付き添う配膳は、稚児がすわる相引《あいびき》（神主用の小さい白木のイス）、休憩するときにあおぐ大うちわ、そして挨拶用の手みやげをたずさえて行ったものだった。

時代とともに、万事簡略化され、稚児まわりの配膳の仕事も、めっきり減った。それでも「何をするにも男手」という条件は外せない。そこで、細かいところにまで手が行き届き、すべてを任せられる配膳は大いに重宝される。

さて鉾のうえでは、すでにゆかたがけの囃子方がうちそろい、稚児が到着するのを待ちうけていた。鉾に乗り込むには、町家の二階と鉾をつなぐ渡り廊下から入る。町家は「ちょういえ」とか「ちょうや」と呼ばれ、町内の集会場としての機能をはたしている。

沿道では見学する人の数もしだいに増え、綱を曳く子どもたちが集まり始めていた。綱がのばされ、長刀鉾のおそろいのゆかたを身につけた町会役員も三々五々集まりだす。先ほどの村尾部長も、ワイシャツ、ネクタイをゆかたに着替えてすがたを見せた。

ほどなく配膳の高井など長刀鉾の神事にたずさわる面々と、稚児とふたりの禿役《かむろ》の少年が、人垣を縫ってすがたをあらわす。

今年の稚児は小学五年生の林大幹君。禿役は大幹の弟とその学友だ。この林兄弟の父親、大史もまた三十年前に稚児をつとめた。きょうの稚児のいでたちは、朱鷺色の衣装。それは三十年前に図案家であった祖父の林大功が、稚児となった息子の大史のためにデザインしてあつらえさせたもの。

そのときの配膳をつとめたのが、今、菊水鉾で協賛茶会を手伝う吉崎潤治郎である。親子二代にわたる稚児役は、近年、めずらしいと高井がいった。

まもなく一行は町家の二階から鉾へ乗り込む。正面中央に稚児、両脇に禿、稚児の背後で父親と祖父が介添えし、周囲を囃子方がかためる。配膳のほうは、鉾のしたをお供して歩くことになっている。

チマキのなかみはワラ一本

配膳の高井石雄は滋賀県の出身だが、十二歳のころから京都の親戚に預けられて京都で育った。若いころは日通に勤務していたが、結婚後、配膳だった妻の父の仕事を手伝ううちに、自然と配膳の道へ。舅が八坂神社専属の配膳として四十年つとめた人であったのだ。

会社で事務をとるようなデスクワークよりも、「接客業のほうが気性に合うて、なかなかえぇなぁ」と思ったらしい。

その後、舅の友人であった栗山親方のもとで、あらゆる分野の仕事をこなした。現在は、八坂神社のほか、平安神宮の専属でもある。そのほか京都織物卸商業組合や西陣織物工業組合の配膳もつとめ、また織屋、問屋、日本図案家協会にもかかわる。

その高井は長刀鉾の稚児の世話をはじめて二十五年になる。祇園祭では、稚児の神事の日程に合わせ、つきっきりの仕事になる。その日程は、以下の通り。

七月一日、お千度の儀。八坂神社へお参りして鉾町の役員と稚児の親族の顔合わせ。八坂神社の斎館で昼食(料理は〈中村楼〉)をとりながら顔つなぎする。そのときの膳出しと稚児の送り迎えが主な仕事。稚児のお迎えに上がったときは着付けの手伝いも。でもこれは、あくまで稚児係をするひとの補助。

「われわれ、やはりどこまでも裏方で、先に立ってやるいうことではないんです。着せるいうても、稚児係の方のお手伝いをするだけのことでして……」と終始ひかえめだ。

稚児の着物は神事のたびに替わる。が、それぞれの着物の種類や図柄は、むかしからほとんど変わらない。

七月五日、長刀鉾町吉符入《きっぷいり》。稚児の名簿を「吉符」といい、長刀鉾町の養子に入る儀式。鉾町で囃子方や町内の人々との顔合わせ。

七月十日、清祓《きよはらい》の儀。八坂神社から神官を鉾町に迎えて、稚児の関係者や稚児の神事に用いる道具を清める。そのために、稚児の冠、着物、はきものなど一切の道具を、配膳は鉾町へ運ぶ。

七月十二日、曳き初め。稚児、禿、囃子方が鉾に乗りこんで町内を往復。配膳は稚児の送り迎えをする。

七月十三日、稚児の八坂神社へのお参り。十万石の大名の格式をさずかる。翌十四日から三日間は、毎日夕方に社参。

七月十七日、山鉾巡行の当日。稚児まわりの仕事のほかに、十七日と二十四日の両日は、八坂神社と京極（八坂神社のお旅所）を往復する神宝係（祇園町の旦那衆五十名）の行列に付き添う。

以上が祇園祭に関する配膳としての高井の仕事である。

各鉾の曳き初めが終わると、鉾のまわりを埒《らち》と呼ばれる木の柵で囲んでしまう。その埒のそばに、売店のテントが張りだされ、深泥池《みどろがいけ》周辺の農家で作られたチマキが売られはじめる。

チマキは現在、「粽」と書くが、もとは白茅の葉で巻いたのだから、むかしは「茅巻」と書いたのかもしれない。いまは白茅などないので笹の葉を使う。茅巻ではなく笹巻だ。笹の葉で巻くようになったのは、江戸期に入ってからのこと。笹は白茅と同じように防腐効果があるという生活の知恵によるのだろう。

祭りの間中、巷で売られるチマキは、厄除け目的なので食べられないものとわかり、がっかりした覚えがある。で、笹をほどいてみた観光客も呆然とするらしい。さもありなんと思う。

〈道喜のちまき〉で有名な、御ちまき司・十五代目当主の〈川端道喜〉は、「あのチマキ、ぼくら子ども時分、なかに米粒が芯のように入ってた。そのすこし前は小さな団子。ま、食べられんのですが……。いまはまったく何もない。ワラが一本入ってるだけ、かたちだけのもんです」と懐かしそうだ。

むかしは鉾のうえから囃子方が観客にチマキを撒いたものだとか。また沿道の家の二階から差し入れがあると、チマキを投げ入れて返礼する光景も見られたらしい。でも、チマキの奪い合いによる事故のため全面禁止になった。

食べられる〈道喜のちまき〉のほうは、長刀鉾町や手洗水町などの井戸へのお供えとか、四条京極のお旅所で、クジあらためをする際に、山鉾連合会長が扇子にのせて来賓にお配りしている。

川端の話では、チマキは「延喜式」（宮中の年中儀式の細則）のなかに記されており、また『伊勢物語』にも、飾りチマキとして登場する。藤原定家が宴会のひとつの趣向として「伊勢物語尽くし」みたいなことをやっていて、たまたま定家の当番となり、宴会の終わりに、どういうわけかおひつ（食べ物を入れておく櫃《ひつ》と考えられる）のうえに、飾りチマキがのせられるくだりが、『明月記』のなかにあるそうだ。

そのチマキには、おそらく五色の絹糸でも巻いてあったのではないか、とかれは推測する。おひつとチマキを見れば、「伊勢物語の趣向」とわかるほど、チマキは一般化していたという。

そのむかし、チマキは二十種類ほどもあったとか。さまざまな和チマキ（団子チマキ）のほかに、葛チマキがあって、これは茶道の関係で後世まで残ることとなる。

その葛チマキは、さらに水仙チマキと羊羹チマキに分かれる。水仙チマキというのは吉野葛を砂糖で味つけしたもの、羊羹チマキは吉野葛にあんを練りこんだもの。あんといっても当時は、山椒みそなどいろいろな素材を用いたので、あずきのあんとはかぎらない。

千利休も、この葛チマキをギヤマンの皿にのせ、涼しげな演出で夏の茶事をもよおすこともあったのだろうか……。

祇園祭のお稚児さん

さて、祇園祭に話をもどさなければ——明けて七月十三日は、稚児のお位もらいで、八坂神社へのお参り当日である。

配膳の高井石雄は、朝七時にはすでに町家につめていた。町家の二階にあがってみると、祭壇がもうけられていて歴代の稚児の写真が鴨居をかざっている。

四条通に面した窓からは、手がとどくかと思えるほど間近に鉾が見え、二階から渡り廊下が突き出ている。でもその手前には、「これより先、女性の立ち入りを禁ず」という札がかかげてあった。

稚児と禿の三人は窓に向かって、ちょこんとすわり、顔師に小さな顔を差し出して化粧をされていた。ステテコすがたで両肩を出し、お地蔵さんのように胸に白い前掛けをくりつけられた、その様子がなんとも愛らしい。

高井は稚児の母たちにお茶を淹れ、ご祝儀の赤飯を一口ずつ皿によそう。そして、その日に稚児たちが身につける冠や衣装をそろえ、介添えをする男親や役員が着る裃や袴の準備をはじめる。

化粧のできた子どもから順に、稚児係が衣装を着せていく。高井のほかに手伝いの配膳がもうひとり加わり、大きな紅いうちわで稚児たちに風を送る。

子どもたちの背丈に合わせ、高井が着物の肩先をくけていく。携帯用の針箱は、どうやら配膳たちにとっての必需品であるようだ。針を持つ高井が、子どもたちに「脱いだ、ていいなさい」というのに合わせて、子どもたちが「脱ぎました！」と元気な声で素直に応じているのが微笑ましい。

胸元まで白くおしろいを刷き、紅を差した子どもたちは、衣装を身につけてから、なおもはしゃごうとして、母たちにたしなめられている。「着物が古いから、あんまり動いたら破けるよぉ」と配膳にもさとされる。仕方ないな、といった殊勝な顔つきで、ついに部屋の隅へ、ちんまりと正座させられる。

子どもたちの父、祖父、各役員たちも、きのうと同じそろいの長刀鉾のゆかたすがたで、つぎつぎにあらわれて、袴を身につけはじめる。配膳たちは一方でお茶をつぎ、赤飯をすすめながらも、かれらの着つけにいそがしい。

稚児が薄緑色の肩衣をつけ、孔雀の羽根で飾られた蝶蜻蛉《ちょうとんぼ》の冠をかぶって正装し終えると、関係者は祭壇に向かい一堂に座す。そして扇子を手前に置き、こうべを垂れてお参りするのであった。

四条通には大名行列さながらに、ちりん棒や長柄傘、挟箱《はさみばこ》や長持ちをたずさえた従者が待機していた。稚児は神の使いであるから地上を歩かず、強力《ごうりき》と呼ばれる者の肩で運ばれ白馬の背に乗り移る。

稚児たちの男性家族や町内役員は、そろいの裃に菅笠をもって行列に加わり、配膳の高井は先ほどの大うちわで馬上の稚児に風を送りながらお供をする。

おりからの、そぼ降る雨のなかを八坂神社へ到着した一行は、南門で馬をとめ、稚児をふたたび強力の肩にのせて本殿へ導く。一同は神殿本殿に詣でて、お位もらいの儀式に参列。五位少将、十万石大名の格式が与えられるのだ。

この日に神饌《しんせん》としてそなえられるのは〈中村楼〉の稚児餅。〈中村楼〉は創業がいつの時代であったか明らかでないほど古い。そのむかし、祇園社の南門、大鳥居の内側で、参詣する人々の休息所として発展した。参詣人に休息を呼びかけては、豆腐田楽で酒や食べ物をすすめた。

もとは一軒だったのが、慶長ごろ（一五九六年）から東西、向かい合わせに二軒建ち、〈二軒茶屋〉として親しまれるようになった。

安政六（一八五九）年に出版された『花洛名勝図会』に、つぎのようにある。

六月朔日には、炙餅を串にさして豆腐を合せ味噌引きとし、これを合餅といふ、氷餅に准へしものならん。この日祇園会鉾の児、その外参詣の人々にもこれを出す。又六月六日にも神楽所において祭儀の役人にこれを出して嘉例とす。

夏には豆腐がいたみやすいので、のちに米のもちに替えたのではないか、と〈中村楼〉十二代当主・辻雅光はいう。

おもちは人差し指ほどの大きさ。それを刺す竹串の先は二方に割れている。五串ずつ重ねて粗みそ（白みそになるまえの、まだ豆のかたちが残っている状態のもの。麹による自然の甘みがある）を塗って両面を焼く。

これを〈中村楼〉でこしらえるのは、七月十三日のお位もらい、七月十七日の山鉾巡行、そして七月二十四日の後祭り、この三日間のみ。竹の皮につつみ、その結び目に笹の小枝を挿して、朱塗りの三方にのせ、主人みずから社にお届けするのだ。

さて八坂神社で参拝を終えた稚児社参の一行は、鳥居そばにある先ほどの中村楼に入る。まずはお茶席へ。お点前をするのは主人の辻雅光である。

茶道具は毎年、祇園祭や稚児にちなんだものが選ばれる。たとえば、花入れは烏帽子《えぼし》籠とか八坂神社のおみくじ筒、香合はお祭りちょうちん、釜は巴地紋（八坂神社の巴の紋）、茶器は注連縄《しめ》蒔絵や祇園棗《なつめ》、茶杓には神楽の銘のものといったぐあい。

花は稚児百合や松明《たいまつ》草、そして忘れてはならないのが、祇園守りという木槿《むくげ》の一種で、この白い花を必ず用いることになっている。

祇園祭の稚児さんの神事にお茶事が加えられていることなど、京都でも知る人はすくないだろう。

床の間を背にして中央に稚児、両脇に禿がすわる。イスにテーブルを使うのは、貴人のあつかいのためか。父親や祖父などの男性家族は右手、役員は左手にならぶ。母親や祖母は末席で、ちょうど稚児の向かい側。そして稚児と禿をのぞいて、ぜんいんが畳に直接すわることになっている。

稚児はさも美味そうに稚児もちを平らげ、〈亀屋伊織〉のお干菓子もパリパリポリポリ、おせんべいのように大らかに食べる。

そしてお茶――稚児に運ばれるお茶碗は、貴人台という高台のついた白木の茶たくのようなものにのせてある。ひと口すすって稚児は顔をしかめて「飲まれへん」と小さくつぶやいた。そのしぐさに、一同の顔が思わずほころぶ。

献茶がおこなわれているあいだ、茶席に入らない町内役員は、ひと風呂あびてゆかたに着替える。それらの役員の裃や袴、三十数名ぶんを高井がたたんで片付けておく。座敷のほうではすでに、ざぶとんと膳の仕度ができていた。

献茶を終えた稚児らは顔師の手で化粧を落としてもらい、ステテコ一つになって湯殿のほうへ降りてゆく。

いっぽう、湯からあがった親族や役員全員に、高井はお神酒《みき》を盃にそそぎ、洗米を数粒、榊《さかき》の葉ですくいとって、それぞれの手に移してやる。神前にそなえられたお神酒と洗い米をお相伴する、というおしるしなのか。

またこの後に出される点心に、キュウリを使うのはご法度とされる。なぜなら、その切り口が、祇園さん（八坂神社）の紋に似ているため、氏子としては、もってのほか、というわけだ。

この日一日の神事に身につけた裃から、長刀鉾のそろいのゆかたに着替えて、一同が直会《なおらい》の席につく。

この席でも稚児や禿のそばで食事の世話をするのは、あくまでも配膳で、仲居は一切、手をふれない。まず先付と点心の膳を運ぶ。稚児たちが弁当のふたをあけたところで、かたわらにひかえる高井が火打石を打ち合わせて清める。

それればかりか、ジュースやサイダーなどの飲み物、吸い物、果物と一品出すたびに、配膳はそのつど火打石で食前のお清めをしなければならない。

祇園祭で稚児のお世話をする配膳は、神事をいっそう格調ある儀式にするための役割をはたしているようだ。

千年あまりの祇園祭の歴史、そのとほうもない時間の累積に圧倒される。それでも京の人々は、祭りも暮らしの一部として、さりげなく受け入れ消化していく。

近年の京都では東京と同じように、地上げや環境問題もからんで、中心から人口が流出している。人口分布のドーナツ化現象が地縁の崩壊をまねき、祇園祭から地域共同体の氏神と氏子の祭りという意味合いをうばってしまった。

なかば有名無実化した祭りは、観光客目当ての隆盛とは裏腹に、ときには空々しさが透けて見えるのはいたし方ない。だが、その時代の流れを押しとどめようとするかのような関係者の働きに心打たれる。祇園祭に従事する配膳も、またそのひとりに数えられるだろう。

第六章　もてなしの極意

東京にはない「配膳」という職業が、なぜ京都にだけ生まれて、明治以来これほど長くひきつがれてきたのだろうか。

背景にある食文化そのものが異なるとはいえ、人が人をもてなすうえで、関西人と関東人には、決定的に気質の相違があるように思う。そのちがいをあらわすようなエピソードを、江戸前料理〈八百善〉の女将・栗山恵津子著『食前方丈』（講談社）に見つけた。


今日、多様なスタイルの割烹店の中に江戸前料理は全くその姿を没してしまい、まるで遺物のように見える。そうなったのも時代の変化とばかりは言い切れない東京人と上方人の気質のちがいによるのではないかと、私は思っている。

私の若いころに、こんなことがあった。それは今でもその光景が、ひとこま、ひとこま鮮明に浮かんでくるほど、強烈な印象を私に残している。

ある日、店に大阪の大実業家を案内して、これもまた著名な上方の料理屋のご主人が、二、三人のお供を連れて食事にみえた。

私はこの時分は裏方の仕事の方が多く、座敷向きのことはまだ十分にわかってはいなかったが、次々と料理も出終わり、やがてご飯も済み、水菓子、お菓子で食後の一服といったころあいになると、玄関先でざわざわと話声がする。近くにいた私が、あわてて飛び出してみると、意外に早く、その実業家ご一行様がお帰りだった。

「あ、お帰りでございますか」

私はびっくりしてそこらを見回したが、あいにくと女中も庭番の小父さんも姿が見えない。私は奥へ向かって、

「お客様のお帰りです」

と声をかけて、急いでお客のはき物を出そうと庭下駄へ足を下ろしかけた。するとそのお茶屋のご主人は、素早い動きで、無言で私を肘でつきのけると、足袋はだしのまたっぷり打水してぬれている敷石にとび下りて、下足棚に駆けよった。そしてさっと戸をあけ、実業家の靴をとり出してきちりと揃え、二、三歩すり足で下がると、「ヘヘェーッ」と言って地べたに手がとどくほどに背をかがめ、実業家にふかぶかと頭を下げたのである。

その素早さは老人とは思えない。私はあっ気にとられて、ただ眺めているだけであった。ようやく庭番が駆けて来て、他の人のはき物も揃えたころに、女中も手をつかえ、舅も奥からススッと出て来た。時間にして三分とはたっていない。舅が、

「これは、これはお早いお帰りで、本日はまことにご遠路ありがとう存じました」

などと、その場に合わぬ、間の抜けた挨拶をするのへ、

「いそがして、よろしなあ」

と彼は言い、ぬれた足袋のまま、真新しい草履につま先をきゅっと入れた。そして、

「ヘェヘェ、おいしおました」

と誰にともなく言って帰っていったのである。

もし配膳がいれば、こういうことはおきなかったのではないか、このくだりを読んだとき、ふっとそんなふうに、わたしは思ったものだ。

配膳はなによりも客の動静をいち早く察知するのがその役まわり。もしもこんな事態に遭遇すれば、この上方の主人と同じように、多少の芝居をうってでも客の気をそらすようなことはなかったに違いない。

京都での仕事の合間に各地の料亭などに出向き、仲居に接客作法を教えている配膳の吉崎潤治郎は、「お客は来たときより帰るときのほうが大事やと、たえずいうとるんやけどね、なかなかそれが思うようにいかんのですわ」と嘆く。

また関東と関西の料亭をくらべると、接客のしかたには格段の開きがあるらしく、一般的にいって、京都はすることがことごとく丁寧なのだ。

たとえば料亭の間取りを考えてみたばあい、地価が高いせいなのか、まず待合という空間が東京の料理屋にはない。高級料亭ともなると、客を本席へ通すまでのあいだ、待合でお茶とおしぼりを出すのが京都では当然のこと。

ところが東京では、いきなり本席に案内してからお茶とおしぼりを出すというのが一般的だ。しかも膳はすでにならべてあったりする。

「赤坂の料亭なんかでも、なんや晩に政治家が来るていうとったけど、三時ごろから、もう膳をセットしとったからねぇ」と吉崎は呆れ顔でいう。

効率一点張りの東京の素顔が、かいま見えるではないか。仲居や芸妓にしても京都にくらべて東京は、客にたいする配慮が薄いようにかれは感じている。近ごろでは東京に劣らず京都でも、むかしほどきめ細かな接待ができなくなった。それでも、まだまだ京都のもてなしのほうに軍配があがりそうだ。

地方で歓迎される「京風」

そもそも江戸のころから京都のまちには商人が多く武士はごくわずか、平安の世からのお公家さん社会でもある。

おなじ上方の商人でも大坂とは一線を画す。井原西鶴が、人間は欲に手足のついたるものぞかし、といっている。京都のあきないは、そんな大坂のあけすけさとはちょっと別物ではあるけれど。

京風の接客技術、というものがもしあるとすれば、それは配膳の仕事ぶりにあらわれているように思う。が、時代とともに本場の京都でも、かれらの役割はめっきり減った。

ところが京都が京都らしい様式を失っていく反面、地方では京風ということが、ひとつのステータスとして迎えられるようだ。

各地でひらかれる呉服の展示会など、かならずといってよいほど、京都風のおもむきで催され、その接待に配膳がよばれて行くことが多い。たとえば吉崎のばあい、こうした展示会のための地方出張が、年間を通じてスケジュールのなかに組み込まれている。

また地方にオープンした料亭の接客技術の指導にまねかれる機会も格段にふえた。なかでもここ五、六年来、定期的にかよっているのが、山梨県甲府市にできた料亭〈穂積〉。

ここの主人・内藤穂積は、吉崎とは共通の友人を介して二十数年前からの顔見知りではあった。ところが吉崎が配膳だと知ってはいたものの、具体的な仕事内容にまでは思いいたらなかった。で、内藤がくだんの友人に接客の悩みを相談したところ、「吉崎氏がいるじゃないか」と促され、ようやく配膳としての吉崎の存在に気づいたという。

その吉崎につれられて京都の〈つる家〉などへも見学に行くことになり、あらためて配膳の仕事ぶりを目のあたりにした。それを通して配膳の身のこなしや差配のしかた、清潔感や格式のある雰囲気などを実感した内藤は、吉崎の指導を懇請することになる。

あいにく当時は吉崎に時間のやりくりがつかず、内藤のほうもオープン前だし、料亭の作業じたい、さほど難しいことではないと高をくくっているところがあった。というのも内藤は、甲府市内に高級レストランを二店、また割烹料理屋などを手広く経営しており、いずれも成功していたからだ。

料亭の仲居について内藤は素人を採用することに決めていた。なまじ経験者のなれで崩れるより、白紙の状態から教育していくほうがいいと思ったのだ。そこでオープンの三ヶ月まえから茶道の先生をたのみ、仲居への茶事点前、行儀作法、立ち居振る舞いについて指導をうけることにした。

が、いざ幕を開けてみると、接客のちぐはぐさが目につき、これではいけないと内藤は頭をかかえることになる。

「間の取り方とか進行のしかたが、まるで天皇でもむかえるみたいに堅苦しいことになりましてね、ついにお客さんからは肩がこるという声も……」とシブい顔になる。

客じたい懐石のマナーがわからないこともあって、お客と店と仲居がアンバランスなかたちになる。一所懸命やるわりにはスムーズにいかない。

「なんだかんだいっても食べることですからねえ、窮屈になってはいけないわけです」内藤は、ほとほと困惑してしまう。

どうしたものかと思案のあげく、あらためて吉崎に応援を請うことに。仕事の合い間を見つけて、吉崎がはじめて〈穂積〉をおとずれるのは開店から数ヶ月後だった。

武田信玄ブームにわく甲府駅から車で十分。住宅街のただなかに、やや唐突なかたちでその料亭はあった。いまだに木の香がただよう料亭内の奥には、アールデコ風にしつらえたモダンなテンプラ・コーナーさえもうけられていて。

座敷はしたに四部屋、うえに四部屋。そもそもここは二十数年まえ、内藤穂積の母堂がなかば道楽で手がけたという料理旅館を建て替えたもの。

趣味が高じてはじめたもので、気に入った客しか泊めなかった。それでは商売として成り立たない。長いあいだ放ってあった。が、柱などいい材料が残っていたので、それを利用し料理屋として使いやすいように建てなおしたのだった。

この〈穂積〉へ吉崎は、年に四回ほど京都からやって来る。甲府の料亭で、黒紋付に袴すがたの配膳はめずらしい。座敷で客をあいてに京都の話をすることも。そのやわらかな物腰と京ことばに客の評判もいい。

「一つ引き」、配膳机、「右打ち」の導入

吉崎が、客をむかえるまえの座敷を点検して歩く。壁面につけすぎた調度品の位置を直し、照明の入れるころあいをたずねる仲居に適切な指示を与える。

座敷をまわってみると、それぞれ控えの間には黒塗りの配膳棚、そして座敷の隅にも黒塗りの小さな配膳机がしつらえられていた。

配膳棚へは、つぎに出す料理や座敷からさげてきた器、また予備の灰皿やグラス類などを一時、置いておく。一方、座敷にある配膳机のほうは、客前に出すまぎわ、ちょっと料理をあずける場なのだ。

ここからひとつずつ客の前に料理を運んでいく。これがいわゆる「後引き《あとび》き」とか「一つ引き」と呼ばれている料理の出し方である。それが京都では常識だった。吉崎が甲府にやってきて、まず唖然としたことがあった。

「最初、びっくりしたんは、客のまえに料理をズラーと、いちどきにならべとるんですよ。これが関東の習慣か思うてね。とにかくはじめから、いっせいに料理をヴァーッと出して、アッチの皿もコッチの器も、つつきながら食べるんですなあ。いやほんま、びっくりしましたわ、わたしも」と目を見張る。

もちろんこれは、かれが来るようになって改められることになる。一つ引きの方式を採用し、さらに配膳棚、配膳机もつくらせた。今は、決してお客の際まで膳を持って行かせることはない。座敷のすそにまず置いて、そこからひとつずつ運ばせることになった。

これでようやく、吉崎も安堵したというわけだ。〈穂積〉に滞在中、かれは仲居ひとりひとりに座敷での接待の仕方を指導している。

その日も午後のあき時間を利用し、座敷の一室に膳や器を持ちこんでの実習指導。きょうの生徒は採用されて三日目と三ヶ月目の仲居がふたり。料理やお椀の出し方、食前酒のすすめ方、膳の扱い方などを、こと細かに手をとって教えこむ。

かれの指導によって、〈穂積〉では昼でもご飯を終えたところで膳をひき果物を出す。さらに果物をひいてからお薄を出すという方式だ。

手間ひまかけても本格的な方法を仲居に教えこもうというのである。それは、「このへんにはない料理屋にしよう」という吉崎の意気ごみのあらわれだった。

かれが検分するかぎり、湯河原あたりの知られた料亭でさえ、お薄を出すときの手の動きが、どうも素人っぽい。そもそもお薄は、喫茶店でコーヒーを出すのとはわけが違う。「たえず京都風のものばかり見てるから、そう感じるのかもわかりませんけど」とかれはいいそえた。出せばよい、味さえよければ形式はどうでも、というものではないはずだ。料亭にはもてなしの作法がある。

「たとえば熊手のような手つきで器をわしづかみにして出されたら、もう食べる気はせんでしょう」と吉崎は苦笑い。

器への手の添え方、手を差し出す角度、微妙なところまでかれの目はきびしい。客前にものを出す場合、飲み物は右側から、食事は左側から、という一応のきまりはあるが、そのときどきの席のつごうによって変化する。

ここではすべて客の右側から出して、まだ食べ終わってないものを左へ寄せていくという「右打ち」の方式をとっている。とにかく、あちこちに漫然と置かない。要は整然と、見た目にきれいなように、そして客のからだに当たらないような方法をとることなのだ。

仲居にたいする指導では、じっさいに仲居に膳出しをさせてみる。吉崎が客になり、あるいはまた、かれが仲居と入れ替わって見本を示す。なにごとにもからだを動かし、からだに覚えこませる。

「きみら（仲居）が仕事を覚えて、こんど後輩に教えるばあいは、口先だけでいうとったてあかんぞ。じっさいその場へつれていって手ぇとって教えな。自分ではわかっとっても、ひとはわからんのやから」

吉崎はひとつひとつ嚙んで含めるように言い聞かせ、仲居はかれの一挙手一投足を注視する。懐石料理だからとはいえ、接客作法があまり形にとらわれてしまってもまずい。

〈穂積〉では、仲居はもちろん板場まで、みんなにお茶やお花を習わせている。美意識を養い、お茶のこころをもてなしの基本にしようということなのだろう。

吉崎によれば、京都あたりのうるさい老舗《みせ》では、どこでもやっていることなのだ。お茶にせよお花にせよ。それも仲居や板場に限らず掃除のひとまで。

掃除のひとまでとは——それは床の間に限らず室内の要所要所に、貴重な調度品がおかれているため、扱い方を知っておく必要があるからだ。

それだけではない。料理人なら色彩感覚を学ぶために、お茶やお花だけでなく絵まで習うこともあるという。

なるほど〈穂積〉のオーナーも京都には負けていない。ところが、吉崎が来るまえにさせていたお茶の稽古が当初、裏目に出てしまった。あまりにも四角四面。座敷への入り方からして作法どおりに、三度にわけてふすまをあける。客のそばへ近寄れば、いちいちお辞儀する。これでは客のほうもくつろげるわけがない。

茶道の先生の指導方法では営業にむかないことが明白になった。料亭はお茶席ではない。二、三人のお客ならいざしらず、ちょっとした宴会になると、そんな悠長なことをやっていられない。料理の出し方も、その部屋の造りや状況によって変わってくる。

その辺の臨機応変の対応のしかたを仲居さんたちに学んでもらいたい、というので吉崎の登場となったのだ。

座敷と板場の連携プレイ

座敷での接客もだいじだけれど、なんといっても座敷と板場との連絡は、欠かせない重要な部分だ。座敷での応対も料理がスムーズに出てこそ意味がある。ことに客が公職の要人となるとスケジュールは分きざみ。連絡がまずければ二、三品食べたところで時間切れということになる。板長の鈴木幸広もあたまが痛い。

仲居からの連絡がパタリと途絶えて、現在、客が何人そろっているのかわからない、というときがあった。最悪の事態だ。が、ぜんいんそろった段階で連絡したのではおそすぎる。調理場ではパニック状態、何もかもいっせいにはじめることになるからだ。けっきょく客を待たせてしまう。吉崎が来るようになって、そういうことはなくなった。

だが、吉崎が〈穂積〉に来るのは年に四回。しかも滞在はわずか十日か長くて二週間。仲居ひとりを育てるには短すぎるのだ。板長はぼやく。

「吉崎さんが来てるあいだは仲居の動きにも無駄はないし流れもスムーズ、緊張してやってますから。ところが帰られたとたんにガタンと。その落差が大きい。料理が客前にたまるわ、洗い場ではいちどきにドッと器がさがってくるわ。もうたいへんな騒ぎになるんです」と鈴木の顔も、ついついい曇りがち。

〈穂積〉では現在、女将のシステムを採用していない。仲居頭でさえ三年のキャリア。そうなると吉崎がいない場合の最終責任は、板長である鈴木のところにまわってくる。が、かれには調理場以外の、たとえば座敷で仲居がどういう動きをしているか、皆目わからない。そこで仲居の入れ替わりが激しくお手上げ状態になるようなとき、鈴木は、板前が修業をかねて仲居の仕事をしてもいいのではないかと考えこんでしまう。

仲間どうしの連携も物を運ぶのも、かえって男のほうが都合がいい。板前も包丁ばかり握ってるより、客がいま、なにをどう望んでいるかを知るのは、むしろ勉強になる。将来的に総合的な料理人になろうと思ったら、そこまでいかなければ、これからは通用しないのではないか、というふうに。

仲居は当初、仕事を覚えたころに去り、去るとまた新人が入ってくる、ということの繰り返しだった。そうこうするうちに、あるていどスムーズに料理が出せるようになり、しぐさから硬さもとれて身についてきた。

はじめのころは洗い場のおばさんに薄茶碗を洗わせたり、器を重ねて持ち運ぶようなこともあった。が、近ごろようやく道具のあつかいもわかるようになってきた。

それでも料亭〈穂積〉は、まだまだ主人の内藤や吉崎の理想からは遠い。けれども最近では、県下の料理屋から女将や料理人が見学に訪れるようになった。

吉崎がいう。「そら、座敷見ても使てる器や道具見ても京都あたりの一流のとこにヒケとらんからね。だれが来たてびっくりしますよ。〈穂積〉でいま出してる料理をそのまま京都へ持っていったかて、じゅうぶん太刀打ちできると思いますわ」

甲府あたりの料理屋の価格設定では、せいぜい八千円ていどまで。一万円をこえるというのはあまりない。近年、山梨へも企業が進出し、農業県から工業県へと脱皮してきているとはいえ、社用族の接待などものの数ではない。京都と違って旦那衆の層も薄く観光客など当てにはできない。地方料亭のむずかしいところだ。

それでもオーナーの方針としては、超一流のものを目指せ、それにたいして金銭は惜しまないというもの。

「料理屋いうのはね、主人とか女将が、半分、趣味か道楽でなかったらできないですよ」と吉崎はいいきった。

やるからには本格的に、という内藤の心意気に惚れ、ならば一流という料亭に仕立ててみようか、と吉崎の夢もふくらんだに違いない。

配膳の本拠地・京都では、しだいに職業としての配膳は影をうすめつつある。その一方で、京都流のもてなし方が注目をあびる。地方での接客指導が案外、配膳の今後の活路となるのかもしれない。

吉崎は大阪にある調理師専門学校のサービス科で、接客術の実習を担当しはじめている。京都で三十年あまり、あらゆる分野の配膳仕事を手がけてきたことが、キャリアとして積み重なり、かれの接客技術の骨格を形づくったのだ。

接客にかけては他の追従をゆるさないともいえる京都、その京風のもてなしの精神が、吉崎の骨の髄にまでしみとおっているのだろう。

第七章　もてなしの美学

外国に目をむけたときに、配膳に相当する男性の職業として、すぐに思いつくのは英国の執事ではないか。とくに十九世紀、貴族の大邸宅で開かれる晩餐会に執事は欠かせない存在だった。執事と配膳。両者は類似するようにみえる。が、外国の邸宅の建築様式や室内装飾、また食事様式・作法や料理法などとの違いもあって、一概に比較するのはむずかしい。しかも、執事の仕事というのは配膳と違って、人、もの、スケジュールなどの管理、邸宅ぜんたいの切り盛りや統率に重きをおくような気がする。

食卓のセッティングについて執事はひときわ厳しい。ケイト・モートン『リヴァトン館』の一節に、メイドによってセッティングされた二十人分のテーブルを、晩餐会の前に執事が、巻尺とふきんを手にして念入りに点検するくだりがある。ひとり分の食器ととなりの食器とのあいだに、一フィートの間隔があるかどうか、またどのスプーンも自分の顔を映しだすほど磨きあげられているるか、などと。

またカズオ・イシグロは『日の名残り』で、イギリス貴族社会の黄昏を背景にあるひとりの執事の人生の哀歓を描き出した。その映画のなかでも主人公の執事は、おおぜいの使用人を指揮しながら晩餐会の準備をシスティマティックに整える。そして使用人たちによってピカピカに磨きあげられた銀器を、ここでもやはりスケールでいちいち計りながら、その位置を確認していた。

「われわれそこまではせんわねぇ。ただ自分の目で見て確かめるくらいで。接客マナーもそれぞれの料亭の意向や女将のセンスによるから一定じゃない。だいたい仲居教育というのはないでしょ。ぜんぶ口伝えで教えるんですから」と吉崎潤治郎は、配膳の場合について答えている。かれは本来の配膳業のかたわら、辻調理技術研究所で三年間、また地方の料亭や料理屋、ホテルなどでも従業員に接客技術を指導してきた。新しく店をオープンして軌道にのせるのは並大抵ではない。従業員が曲がりなりにも一通りの仕事を覚えるまで約一年、完璧にこなせるようになるには三年くらいかかる。

たしかにフランス料理店やホテルのレストランでは、スタッフにたいする接客マナーの教育が行き届いている。ところがおなじホテルでも和食となると、じつに心許ない。吉崎はつい最近も名古屋のホテルに請われて接客指導に行ってきた。

さすがホテルだけに洋食のほうは完璧だ。ところが和食のほうとなると、どうしても洋食の接客マナーになってしまう。それを吉崎は一日眺めていた。パートの仲居もいるけどもホテルマンは男。礼儀は正しいが型通りの挨拶だ。

「料理の出し方がどうしても洋食式の流れになっていくんですわ。備品や器も洋式だし、先付やお造りなど物を出す順序や膳の組み方も違うしね……」

このホテルではついに吉崎の助言で、和食部のチーフとサブの男性ふたりには着物と袴を着用させることにした。すると、ホテル独特のスマートなマナーに加えて、ものごしに微妙なやわらかさが出てきたことで一件落着。

吉崎は器のとりあつかいひとつにも神経を行き届かせる。かならずしも両手で出すばかりが丁寧ではない。そして、食べたあとの器の引き方にも気をつかうように、と。

ひとつずつ料理を出していくときは、先のものを下げてからつぎのものを出す。だがすぐに料理が出てこないばあい、つぎのものが出てくるまでお膳のうえをあけておかない、というこころづかいも求められる。

つまり膳のうえを、つねにきれいにすることは大切だが、目の前のお膳にからっぽのままの状態がつづくというのも考えものなのだ。とくにみんなで食事をするばあい、ひとりが食べ終わっても、つぎの料理を持っていくまでは片づけないでおいておく。そのひとだけが先にガツガツ早く食べたようで、いやしく見えるからだ。

給仕するばあいは、そういうきめこまやかな気配りも必要。つまりは臨機応変の対応のしかたである。

また洋食などのばあいは、和食にくらべて無言のままサービスすることが多い。が、「日本料理のばあいは、あるていどおあいそというもんがあるんですわ。どうぞ、温かいうちにお召し上がりくださいとかいうて、つねにことばを添える。茶懐石なんかのばあいは、とくにそういう思いやりとか親切心というのが要求されるわねぇ」と。

料亭と料理屋の違い

むかしの料亭というのは、ひいき客にとっては、なによりも憩いの場であった。着席した客に酒の種類を聞くまでもない。配膳や仲居が客の好みやくせを知りつくしていたからだ。どのようにもてなせば客は満足するのかということを、ようく心得ていた。

だいじなお馴染みからの要望には万難を排して応じたい。無理だとは決していわない。そんなときの臨機応変な対応も、配膳にはお手のものである。

ごひいきから突然、電話が入ったりもする。「ホテルにいるんだが、どうも落ち着かない。そっちの畳のうえでゆっくりしたいんや」などと。なにはさておき、大慌てで物をおいてあった座敷を片づけ金屏風で囲み、部屋を急ごしらえすることもある。

料亭というのはなによりもまず、こころからくつろげる、気のおけない空間である。そして、そこにはまた、親身になってお客につくそうという配膳がひかえているというわけだ。

宴会などで下足をとろうとするようなとき、客のひとりひとりになまえをたずねるようでは、まだ配膳としては半人前。帰りぎわも顔を見ただけで、さっと当人のはきものが出てこなければ一人前の配膳とはいえない。

芸妓の手配なども配膳や仲居の裁量ひとつ、客の人数に応じて芸妓の数を判断する。たとえば、

「そのつど決めるんやけど、この会社は派手にはやるけどじっさいはシブい、というようなら三人のとこをふたりにしたり、なん人呼んでも文句いわんとこやったら、パーッと豪勢にふやすとかね、そらもうそのときの、こっちの考えしだいですわ」

そんなふうに顧客の傾向をよく把握している配膳がいるかぎり、お客は万事をゆだねて、ゆるりと安心していられる。吉崎にいわせれば、料理屋とは単に食事をするための場所であり、料亭というのは自宅のようにくつろげるところなのだ。

「接待せんならん客をつれていって、その場でああしてくれこうしてくれ、といちいち指示を出すのは面倒くさいでしょ」と吉崎は言う。

よけいなことは考えず、いっさいを配膳にまかせておけば、とどこおりなくことが運び、客もゆったりたのしめるというもの。それが料亭のよさであり料理屋との違いでもある。

配膳としてだいじなことは、お客の意向を早く汲みとること。到着した客が待合で雑談しているようなときに、たとえばお茶などを持っていって即座に雰囲気をつかんでしまう。

「ふつうはね、接待する側ならともかく、接待されるほうの客が料亭の従業員にご祝儀なんか出さんもんでしょ。ところがこっちが雰囲気をのみこんで、みなさんを満足さしたらね、招待されたほうの客まで、われわれにご祝儀をくれるんですよ、いやほんまに」

そういって吉崎は満足そうに微笑んだ。

そのためにも、客の力関係やその場の状況をいち早く見抜き、的確な判断をしながら臨機応変に対応することが大切なのだ。ことにお茶や料理を出す順番は重要である。マニュアル通りに「なにごとも上座から」と杓子定規に思い込み、機械的に作業していると思わぬところで失敗する。

「たとえば、こういう場面があったわねぇ……」と吉崎。

その日、主催者の警察本部長のとなりにすわっていたのは銀行支店長。いつもなら本部長から出していく。ところが、どうもいつもと雰囲気が違う。

「それでわし、座敷のなかほどにすわってしばらく様子を見ておった。その日は銀行支店長の歓送会やったんですわ。それで、きょうは支店長からやと判断したんやけどね。そんなときは、ひと呼吸おくか、末席の世話役か幹事にたずねることやわねぇ。待合で談笑したはるときに、ぱっと読み取ってしまうこともあるけど」

ところが聞くひまもなく、どうしてもわからない複雑微妙な場面もある。かりに床の間の前に四人ぐらいすわっているところへ最初のお膳を出すというような場合、吉崎ならどうするのか。

「床柱を背にしてるのがほんとうは主客なんだけども、そんなときはわしなんか、いっぺんにふたりいく（ふたり同時に膳を出す）。だいたいこのへんやろ、と思うとこ狙うてふたり同時に出してしまうわけや。仲居なんかでも思案しとるようなときは、ふたりでも三人でもかまんから同時にいけ、いうんです。三つ持って入っていって、仲居三人が三人とも床の間のほうへ向いて同時に膳を下ろせば、まちがいなくその中に主客、次客がいるんやから」

配膳、面目躍如といったところである。また「対面」といって主客と次客が向かい合ってすわる場合は、「同時折半」とよぶ方法で、つまり両方からふたりで同時に出していく。主客の列を先にずーっと出して、それから次客の列にまわるということは避ける。それでは次客が後まわしになってしまう。

また床の間に関係なく上座下座がまぎらわしい場面では、仲居の出入口に一番近いところを下座、窓から庭や外の景色が見える位置を上座と心得ておくといい。

「接客のポイントは客が到着したときと帰りしな、わしはそう思うとるね」と吉崎は力をこめる。

来客時分には従業員が、あらかじめ玄関に控えていて出迎えるのは当然のことだ。たとえ遅れる客がいても、すべてそろうまでは、かならずだれかが待機していなければならない。これは鉄則である。

けれど到着のときにいくら丁寧であっても、帰りぎわがおろそかでは元も子もない。客の印象を深め、余韻を残すのは、まさに帰るときだ、というのである。

吉崎はいささか感慨深げな面持ちで、「このごろ、木屋町筋や祇園界隈を自転車で通ってると、仲居さんあたりがお客さんを車のとこまで出て見送るすがたを見かけるね。ま、これがほんとうやろ、と思う。わりかた最近は、このサービスという点が見直される時代に来たんじゃないかなぁ」とつぶやいた。

料亭や旅館などでの、もてなす側ともてなされる側。客人それぞれの顔や好み、また人柄までを知っていてこそ、温かい人情も通い合い、人が人をもてなすことの本来の意味合いも活きてくるのだろう。

「もてなしの芸術家」、「ひとあつかい」、「ひとあしらい」

「もてなし」の場面は、なにも料亭・旅館だけに限らない。京都の伝統や文化とも密接な関係をもっているようだ。

「田舎の学問より京の昼寝」ということわざがある。京の都には伝統文化の超一流がそろっているから、なにもせず昼寝しているだけでも文化人になれる……。裏を返せば都以外の田舎では、いくら学んだところでたかが知れている、というわけである。

この京都人の中華思想には口あんぐりではあるけれど、その教養のなかから茶道、華道、香道などが生まれ、ついには家元制度なるものまでもがつくりだされた。

お茶やお花ばかりか、書画をはじめ、能・狂言、また舞いや三味線などの邦楽……、それはそれは切りなく枚挙にいとまもない。ありとあらゆる芸術・芸能のサークルが京都にはひしめきあい文化の華を咲かせてきた。

寛永年間（一六二四―四四年）、後水尾院周辺の王朝文化サロンのように、交流のネットワークをつくりあげるのは、むかしからの京都のお家芸だったのだ。

京都にはいまなお、それぞれの芸能ごとに各家元流派がしのぎをけずっている。その家元を民族学者の梅棹忠夫は「お客をもてなす芸術家」といった。

たとえば茶の湯や生け花なども、もとはといえば人をもてなすため。相手をくつろがせ、招きいれる空間を飾るためのもの。やがてお茶やお花をたしなむ側は、さらに磨きをかけるべく師匠を求めるようになる。

そして研鑽をつんだ仲間どうしの集まりが、いつしかひとつの流派をなし、門弟たちを組織化し継承するためのシステムができあがる。その頂点に位置する宗匠は、たしかに梅棹がいうように「もてなしの芸術家」なのかもしれない。

その家元制度は、いまも京都中に毛細血管か神経細胞のごとく張りめぐらされている。まるで京都ぜんたいが「もてなし」の有機体組織であるかのように。

芸術、学術、芸能というネットワークのなかでの文化的レベルや美意識のたかさ、行き届いたマナーや洗練された作法など、京都のもてなし方には格別のものがある。

それこそが、梅棹忠夫がいうところの「ひとあしらい」、「ひとあつかい」の技術。つまり機械をあつかう技術にたいして、ひとをあつかう技術である、と。

「ひとあつかい」とは、よくぞいったものだ。それははじめから京都人のＤＮＡの奥深くに組み込まれた特殊技能なのではないだろうか。これこそが京都中のあらゆる場面で展開される「もてなしの精神」なのだろう。
そのもてなし方は、たとえば遊郭の流れをひく花街の座敷などで、いまでも男の魂を鷲づかみにしているようだ。そのひとり、京都感覚の虜になった詩人の宗左近がこのように吐露している（『悲しみさえも星となる』）。

昭和四八年の三月、安田武氏につれられて、祇園の奥ゆかしいある家にあがり、ゆっくりくつろいだ。そして、ああ、これが祇園というものなのか、と初めて感じいった。おかみさん芸妓はん舞妓はんのもてなしかたが、桜の花の白湯のように、たいへんやわらかで、ほんのりとかぐわしい。（略）なにがどうしてこうなるのか。永年のあいだ祇園で養われて完成した魔法、男を骨抜きにして楽しませてくれる芸術、これのせいだといっておくよりほかはない。夢とも現ともつかぬうちに、わたしなどとろりと溶けてしまっているのである。

京都の接客技術もここまでくると、もはや芸術の域。それを梅棹忠夫は、「上演芸術の一種」といいきり、「パフォーミング・アーツ」と名づけている（「京都の精神」『梅棹忠夫著作集17』）。

「もてなし」を言語化した京ことば

さらにまた京ことばというものも、煎じ詰めれば接客技術上の武器のひとつ、つまりもてなしを言語化したものといえるのではないか。先ほどの祇園の座敷のように、やさしくまろやかな京ことばで、相手をまったりとした粘液質の世界にからめとってしまうのだから。

京都でまず心得ておくべきは、知ったかぶりをしないことだ。その点、京都人はきわめて謙遜家である。ものがそろっていても、「なんにもあらしません」といい、知りつくしているはずなのに、「なんにも知りまへん」などという。

なにごとも波風を立てずやんわりと優美に。けっしてストレートには表現しない。ことばのアヤでくるむ婉曲な物言い。それでも自分の言いぶんだけは、どう紆余曲折しても最終的には押し通す。このしぶとさ。

直截・率直な言いまわしは、たんに粗野で無作法なことを示すだけ。だからなにごとも否定的な断言を避けて、円滑に交渉をすすめる話し方が、京都ではよしとされる。

説得する術よりも婉曲に運ぶ社交辞令が発達するゆえんである。その場では否定的な結論を出さずに、考慮するかたちで猶予しておいて、最終的に「すんまへん」と謝ってしまうのが、断るときの京都人の要領である。

ものごとを依頼するときに「急《せ》いて急《せ》かんのですが……」などと矛盾するようなことをいう。気もちは急いている。でも急かせると相手に悪い。深謀遠慮のすえ、そういう言いまわしになってしまう。江戸っ子なら「ええいメンドクセェ、どっちかに決めてくれぇ！」といいたくなる。京都人が返答するときは、つねにオブラートに包むがごとくやんわりと。その一方で相手の言い分や行動には冷徹な観察おさおさ怠りない。

また「かんかんにならんときよし」とか「かんかんになったら見えるもんでも見えんようになりまっせ」という言い方を、よく京都人はする。つまりなにごとにも必死になりすぎず余裕をもってことにあたれ、ということだ。

これは江戸っ子の、すぐに尻をまくって白黒をつけたがる瞬間湯沸かし器のように短兵急な気性とは正反対のものである。

『京都語辞典』をのぞいてみると、地域や身分や職種によって、京の町ことばは、じつに多種多様だ。町方のことばには、中京・室町呉服問屋の商家ことば、西陣機屋の職人ことば、祇園を中心とする花街ことば、そして錦市場の商人ことば、京都周辺部の農家ことば、さらに室町初期に宮中女官が使った御所ことばが微妙にまざりあう。

おそらくそれらの多様なことばが渾然一体となり、長い歴史のなかで洗練され、現在の京ことばにいたったのではないか。とりわけ商家ことばとか花街ことばというのは、商売の交渉や接客応対をするなかで磨きあげられていったに違いない。

ひびきはあくまでやわらかく、まろやかでやさしい。そして繭糸のようにからみつき、いつのまにやら相手のこころを手中におさめてしまう。即断や断定をさけ、「よろしおすなあ」「考えときまっさ」とか「おもしろおすなあ」などと相手を立て、その言い分をけっして否定しない。「それは違う」などと、まちがっても相手の見解を修正したり反対したりしてはいけない。否定語はきわめて少ない。そして、とにかくファジーなのである。

京都人に、たとえなにごとかを主張し意見を求めたところで、「さあ、どうでっしゃろか」とか、「そないに思うてはるのやったら、それでええのとちがいます?」と軽くいなされてしまうのがオチだ。ようするにことばは人的関係を円滑に築くためのツールでしかない。

祇園の芸妓によって、お茶屋（待合）、子方《こかた》屋・屋形《やかた》（置き屋）などで使われることばは、ことさらに精錬を極める。この優美な京ことばを形成するのは、婉曲表現、語感、敬語、畳語《じょうご》だという。またテンポが遅いことも優雅さをかもしだす一因だろう。

つまり丁寧にやわらかくおだやかな語感で、直示性を避けて間接的で婉曲に表現する。また「食べてはる」、「休まはる」、「歩かはる」、「お越しやす」など、つねに相手への敬意をこめて丁寧語で。それから「きつう、きつう」、「えろう、えろう」と繰り返して強調する畳語がある。この稚気をふくんだ形容詞が感情をこめてつかわれると、ちょっと抵抗できない。

こんなふうに、ことばさえもが、京都ではもてなしの秘密兵器となる。客はそのもてなしに身をゆだね、こころゆくまで酔いしれる。あげくのはて、男は完膚なきまで骨抜きにされてしまうというわけだ。

第八章　姻戚でむすばれた都

京都の町なかでは、「婚礼儀式・結納調度司」などという看板をかかげた老舗《みせ》をよくみかける。ショーウインドーには、たいてい鶴や亀、宝船などの祝意や長寿をあらわす水引細工が飾られていて人目を引く。金銀・紅白、いろとりどりの水引のほか、片木《へぎ》や熨斗《のし》などの、婚礼や結納に必要な道具一切を商う。

結婚の祝いでは、こうした祝儀屋であつらえたムクの片木のうえに、箱入りの末広（扇子）、熨斗、目録、祝い金をのせ、威儀をただして先方へとどけるのだ。

これは格式のある旧家にかぎったことではない。ごくふつうの家庭でも当然のように取り交わされる習慣で、京都ではいまも続いている。結婚祝いのこうした届け物や葬式のときの香典返しなど金品のやりとりに、むかしは配膳をつかいに出すことも多かった。

「ご大家になると、それぞれのおうちに出入りの配膳というのがおりましたねぇ、むかしは……」と、永年、婚礼や葬儀の際に配膳を経験してきた中宮利夫がいう。

それぞれの家独自の家庭行事。婚礼や葬式はもちろん、たとえば出産、宮参り、還暦とか喜寿の祝い、また棟上や法事など、なにかにつけて家内の諸事万端を整える配膳がいた。

なにか事があればひとが集い、食べものや飲みものが供される。しきたりを大事にする土地がらだから形式を踏み、ひとの序列を気づかう。とくに京都ではひとの口がうるさい。そうしたところでは、たしかに配膳というのは便利な存在である。

配膳ならだれでも生活全般、とくに冠婚葬祭に関する適切な基準値というものを知っている。

たとえば祝い金をいくら包むかという相談ごとに、先方の格式や相互の関係を問いただしながら、適切なアドバイスを与えることができる。そうした場にわたしも居合わせた覚えがある。

中宮によると、もともと配膳という職業そのものが、冠婚葬祭の行事から生まれてきたものらしい。（平成はじめの取材当時からさかのぼって）三十三、四年まえごろまでなら、配膳の需要といえば婚礼の披露や葬式の仕上げが大半をしめていた。ところが、十七、八年まえくらいから、婚礼の披露はホテルへ、葬式の仕上げ（葬式のあとに出す饗膳）なら料理屋へ行くというスタイルに変わってきた。

いまとなっては仕上げに配膳がよばれるのは、せいぜい年に三、四回ていどとか。この仕上げの膳では、配膳はまず、遺族、来賓、手伝いのひとたちにお茶を出し、しばらく待機してもらう。そして仕出し料理屋がもってきた料理を配膳が受け取り、吸い物や茶碗蒸しをあたためたりして客前にお出しする。

この仕上げにかかわる配膳の仕事は激減したが、通夜、葬式、告別式となると、まだまだ需要はある。通夜では仏前を清拭し、焼香台に火をともして準備したり、ろうそくの火をたやさないように気をくばる。

また焼香客やお坊さんへのお茶・おしぼりの接待から下足番まで、遺族と葬儀屋とのあいだの、もろもろの雑用が主となる。葬式や告別式では、もっぱらお茶とおしぼりの接待で、冬なら熱い煎茶を、夏はつめたいほうじ茶で、というぐあい。季節に応じておしぼりを蒸したり冷やしたりとなる。

このおしぼり、もとはといえば、昭和三十年代なかばごろから、喫茶店に出まわりはじめたのをヒントに、配膳が提案したのが発端だった。

昭和四年、京都に生まれた中宮利夫は、昭和二十九年ごろから配膳のアルバイトをはじめ、翌三十年から本格的にこの道に。それまでは家電の卸販売。当時の家電といえば、電化製品の種類もしれたもの。一般家庭にあったのは、扇風機と国民型ラジオくらい。当時出まわりはじめた蛍光灯を、もっぱら売り歩いていた。

「そやからひどいときは師走に三、四日しか仕事がのうて、どないして正月、越そうかなぁ……、と。それで友人の藤村（緑会という配膳グループの長）がアルバイトに来んか、いうことでね、こっちは食わんがために行きかけたんが、そもそものはじまりですわ」と中宮は苦笑する。

この緑会にいるあいだに、かれは京都のおもだった料理屋をほぼ一巡している。一番長かったのは高台寺の〈土井〉、ついで熊野神社の〈森枡〉。

〈森枡〉はいまはない。が、平安神宮専属のような料亭で、そこでおこなわれる婚礼のほとんどの披露宴を引き受けていた。その宴でもっとも豪華だったのが五の膳。まず祝い膳とよばれる小さい膳ではじまり、本膳、二の膳がつづき、会席膳に脇引き膳で終わる。華やかなりしころの話だ。

婚礼に間違いはぜったい禁物

婚礼の披露宴で、一番大切なのは席順だ。和式のばあい、新郎・新婦は、むかしなら末席ときまっていた。親族もまた、当人との血縁が近ければ近いほど末席となる。昨今のようにホテルのまねをして新郎・新婦が正面中央にすわるスタイルは、(取材当時からふりかえって)二十年ほどまえからのこと。

この重要な席順については、配膳が仲人や新郎・新婦の両親と事前によく打ち合わせて取り決めることになっている。

披露宴の会場となる座敷に、まずざぶとんを敷き、そこにすわるひと、それぞれの席札をつけておく。列席者がそろい着席したところで膳を出す。客が席に着くまえから膳をならべておくような現在の披露宴とは大違いなのだ。

膳には箸紙がおかれて、すわるひとの名前が明記されている。その膳はかならず、当人のまえに運ばれねばならない。婚礼で、この席順の間違えというのは、けっして許されないことだった。

当時、おおぜいの配膳が出入りし、数多くの婚礼をこなしていた料亭のひとつに〈中村楼〉がある。女将の辻京子に、むかしの婚礼の模様を語ってもらった。

「披露宴いうたら、大広間で六十人とか八十人でやりまっしゃろ。それだけの人数のおひとが居はっても、膳は後引きにきまってたんです。むかしはねぇ……」

どれほどの人数であっても、座席においてある席札と、あとから運ぶ膳のうえの箸紙の名前がひとつの狂いもなく、めいめいピタッと一致するように。そのためには、あらかじめ席札どおりに箸紙をならべておく。それを順番にとって膳につけていく。そうすると間違いがない、と。

膳は大広間に積み上げられ、一番うえのさいしょの膳ふたつは、配膳と仲居頭がささげ持ち、そのふたりで運ぶのがならいである。配膳と仲居頭が正面からふた手にわかれて、まず上席へ持っていき、あとは仲居たちが順番につづく。だから客には、席は勝手に変わらぬようにくれぐれも頼んでおく。

「ひとつでもずれたらえらいことですわ。なにか忘れたさかい、いうて戻ってきたらあかんのです。ぜったいあと戻りできしませんねん。うるさいんですわ」と女将は眉をひそめる。

婚礼にミスは禁物。縁起のわるさを微塵も匂わせてはいけない。この作業を、むかしはみんな配膳といっしょにおこなった。

婚礼のすすめ方はさまざまで、それぞれの家の格式によって異なっていた。格式を重んじる家柄なら、三三九度のほかに、「親子のかための盃」とか「親族のかための盃」などの儀式もとりおこなう。

そのばあいには金屏風を立てた別室に、婚礼のための独特の調度品を飾りつけることになる。その置きものの配置ひとつとっても簡単ではない。どんな置きものかというと、宝船や嶋台《しまだい》（岩に松）、尉姥《じょうとうば》（老翁と姥）をはじめとする婚礼調度品のかずかず。

そこへさらに羽盛《はねもり》とか舟盛《ふなもり》など多数の付属品が加わって、その順序や置く場所も、いちいち決まっている。しかも道具はすべて料亭がわで用意するのだ。

「もうそら大変どした。それ覚えるだけでもわたし、泣きそうになったこと、なんぼあるかわからへんのどす」と女将はため息をもらした。

この「かための盃」は〈中村楼〉のばあい、たいてい光琳の間（掛け軸、屏風、ふすまなどが尾形光琳筆）でおこなわれた。

このほか、まわりを金屏風でかこって暗くし、新郎・新婦に盃を出す「床盃《とこさかずき》」というしきたりまで希望する家もある。

だから「結婚式ていうと、すごく大変やったんですよ、いまでやったら考えられんくらいに」という女将のことば通り、むかしの京都のしきたりは手の込んだものであった。

〈中村楼〉主人、辻雅光から聞いた婚礼の献立は、つぎの通り。

三種肴　　結びごぼう、巻きするめ、数の子
祝い吸い物　はまぐりの潮仕立て、神馬草（海草）
お造り　　鯛重ね造り、まぐろ、いか金銀造り、白髪大根、紅蓼《たで》、山わさび
ふくさ　　白味噌仕立て、鯛の半公（お頭）、鶴小芋、亀甲大根、白小餅、のしかつお

煮物　えび芋のうま煮、昆布巻き、絹さや
揚げ物　えび天麩羅、きす天麩羅、大葉しその裏白揚げ、蓮根、揚げ昆布、おろし大根、くいだし（天だし）

以上、婚礼の献立には、どれもこれも長寿、子孫繁栄、喜びや祝いをあらわすような、「もてなし戦略」上の素材が選ばれる。

「家式」は人手がかかる

むかしの祝言のおもなスタイルは三つ。神式、仏式、そして家式《うちしき》だった。家式は旧式ともよばれ、宗教には関係なく自宅や料亭でもよおされた。

〈中村楼〉でおこなわれた婚礼は、さしずめこの家式にあたる。これについて配膳の中宮はこのようにいう。

「もういまはなくなりましたけど。というのは、小道具がたくさんいるわけですわ。三方《さんぽう》もいりゃあ（いれば）、雲土器《くもかわらけ》もいる。それから雄蝶雌蝶も用意せんとなりませんしねぇ」

三三九度も「かための盃」も、神式のばあいは石盃《せきはい》でおこない、仏式や家式では、雲土器を用いるのがふつうだった。雲土器というのは、土器のなかが雲のような景色に黒く焼けるので、そう名づけられた。その土器を三つ重ねにして、盃はまず新郎から。いまはホテルでも神社でも新郎からはじめることになっている。

だが、家式のばあいは新婦から。つぎに新郎へ、それから新婦にもどり、ふたたび新郎へいき、また新婦に。そしてさいごに新郎へかえって仲人でしめる。この三三九度にかかわる配膳は三人。ふたりが盃のやり取りを受けもち、ほかのひとりが金屏風の陰で、祝賀の謡『高砂』をうたう。中宮によれば、当時なら謡のできる配膳は、おおぜいいたということだ。しかも個人的な趣味ではなく職業上の必要に迫られて、ちゃんと謡曲の稽古に通ってもいた。

三三九度や引き続いておこなわれる「かための盃」には三方を用意し、結び昆布をのせて熨斗をつけ箸をそえる。配膳がその三方を持ってまわり、親族ひとりひとりのまえにおかれた懐紙のうえに結び昆布を取り分けていく。そして金の雄蝶、銀の雌蝶を飾りつけた瓶子で、めいめいの盃についでまわるわけである。

この家式による三三九度のばあいは、神式や仏式にくらべて配膳の仕事の範囲はぐんとひろくなる。

まずは場の設営、金屏風を三方向に立てまわして部屋の内部を囲うことからはじまる。こうして部屋のなかにとばりが降りて、陰翳の世界がうまれる。

「けっきょく夜を想定して部屋を暗くするのやろと思いますけどね。婚礼というのは、ふつう夜やるものらしいですな」と中宮はいった。

照明はといえば正面にろうそくか灯明がふたつあるきり。ジジーッと灯心の焼ける音がしのびやかに聞こえる。かなり暗い。その暗がりのなかで、三三九度のばあいには、新郎新婦と仲人だけがすわることになる。

陰翳のなかにひそむ美が、かえっていい知れぬ余情をかもし、ひとを瞑想の世界へいざなうのかもしれない。

こうして三三九度がすむと、新郎新婦と仲人の席に両家の両親が加わって「親子のかための盃」となり、さらに親族も列席して「親族のかための盃」がはじまる。配膳は、新婦のがわと新郎のがわの二手に分かれ、それぞれ交互に盃をむすびあわせながら儀式をすすめていく。

式のあいだじゅう列席者は、ざぶとんを使わず畳のうえに直接すわっている。それが、むかしからの婚礼のならいなのだ。

三三九度から「かための盃」の儀に替わると、代々伝わる古式ゆかしい婚礼儀式独特の置きものが飾られ、祝賀の気分を盛り上げる。

金屏風のあえかな照り返し――底光りする金色の粒子が闇のなかに沈潜していく。そのほの暗い空間での盃のやりとり。雲土器にたたえられた祝酒が、ろうそくや灯明によるわずかな明かりをあつめ、きらりきらりと揺らめきながら、永遠のちぎりをむすんでいく。

上方研究の専門家、宮本又次の『京阪と江戸』（青蛙房）によれば、以前は婚礼は夜におこなわれた。婚の字のつくりが昏で、暮れであるのを見ても、もともと婚礼は夜のものと思われる。

とあり、婚礼は夜を想定してなされる、という中宮の指摘はあたっているようだ。

家式で結婚式や披露宴をおこなうばあい、必要とされる配膳の人数は、式のほうにまず三人、さらに披露宴には、来客十人にたいして配膳はひとりくらいの割合。

「そうですなぁ……、三十人ほどの婚礼やったら、まあ配膳は五、六人くらいでかからんとできませんな」とかれはいう。

式と並行して配膳は宴会の準備にとりかかり、謡を終えた配膳や盃の役目をすませた配膳がそこに加わる。

むかしの婚礼にはそれだけ人手もかかり、また物品や金銭のかさむものでもあった。だからこうした家式がすたれて、しだいに簡略化され、万事ホテルまかせにするケースがふえるのも無理はない。

だが、冠婚葬祭に際して、配膳にたいする京都人の厚い信頼感には、旧来、なみなみならぬものがあったようだ。中宮はにこやかに、「京都のばあいは、紋付を着て袴はいて配膳です、いうとったら、なんでもまかしてくれはりますのでねぇ」と胸をそらす。

かれがたずさわった最近のはなし（お寺さんの息子の祝言）はこうだ。

自分の寺で式をすませた親族一同、家の鍵を配膳にあずけ、「ほな、あと、よろしゅう頼んますわ」といい残し、披露宴をするホテルへ、そそくさと出払ってしまったとか。

お通夜や法事にしても、それに近いことはしばしば。それだけ配膳という存在が、単に職業としてだけでなく、人間的な信頼をつかんでいたあかしといえる。

判断力、即応力、統率力が配膳の条件

八坂神社の常磐殿で婚礼があるというので見学に出かけた。

この建物というのは、もと三井家の別邸を移築したもの。窓のガラスもむかしのままに鉛をふくんでいるせいか、ヌメリと油っぽく、まわりの風景をゆがんで映しだす。

二階にあがってみる。古い造りのガラス戸からは、手入れのゆきとどいた庭が見えた。眺めのよい角座敷は、御簾《みす》で囲まれ、まるで大きな虫籠に入ったかのよう。典雅なおもむきだった。

御簾とふすまの入れ替えは年に二回、六月と十月。毎年、配膳の手によっておこなわれる。季節はすでに、ふすまの時期だった。が、その日の婚礼は、「ぜひ、おもむきのある御簾がかりで」というご家族の要望にそうことになっていた。

配膳の高井石雄は、八坂神社のほぼ専属のようなかたちで、祇園祭やこの常磐殿での披露宴を引き受けている。

きょうも朝八時には常磐殿に入り、座敷にざぶとんと席札を置いて、まず披露宴の席づくりからはじめた。時計が九時半をまわると仕出し料理屋の車が着く。ライトバンに積み込んできた調理用の道具類や器類を台所へ運び入れる。

むかしは「道具貸し屋さん」とよばれる食器貸し出し専門の店があった。もし、仕出し屋などで器の数がそろわなければ、そこから借りたものだった。

料亭とは別に京都では、仕出し屋という形式の料理屋がはなはだ多い。その数はしだいに減ってきつつあるとはいえ、いまでも商家のならぶ町なかに、二、三町ごとに一軒くらいの割合で点在している。

むかしから京都では、茶道の家元をはじめとして、ごくふつうの家での婚礼や法事、町内の会合など、なにかにつけて仕出しはつきものだった。この仕出しは、東京の出前などとは大違い。まったくの別物で、きちんとした料理のひとそろい。仕出し弁当のほかにも会席料理にいたるまで、鍋釜などの調理道具や材料いっさいを運び込み、先方の厨房を借りて客に饗する料理をつくりあげる。

仕出しに欠かせないのが、配膳という職業。仕出し屋がこしらえた料理を座敷の客に出す。つまり客前に供するために膳を組み、膳出しをするのがその役目である。だから仕出しの料理人と配膳の呼吸《いき》がうまく合わなければ、満足のいくような、いい仕事はできないのだ。配膳については、仕出しを注文する家のほうで手配していることもあれば、仕出し屋のほうから配膳へ、じかに頼むこともある。いつもだいたい顔ぶれが決まっていた。

「仕事できるひとやないと、うまいこといきませんから……」と、仕出し料理屋〈泉仙〉（鉄鉢《てっぱつ》料理で知られている）の会長がいう。

いっしょにながく仕事をしてきた間柄なら、あ・うんの呼吸で、おたがい気脈が相通じ、どんなばあいでも安心してまかせられる。

いい配膳というのは、物の言い方や立ち居振る舞いからして違う。仕事の段取りや人のさばき方がうまい。料理を出すタイミングも心得たものだ。事前にあるていど打ち合わせておくだけで、あとはすべてを配膳にまかせて、料理人は心おきなく仕事に専念できる。

〈泉仙〉会長の弁によるなら腕のよい配膳とは、ぜんたいの仕事のながれを見通せ、そのときどきの状況にあわせて下せる判断力、臨機応変の即応力、そして統率力にある、と。

料理が活きるも死ぬも配膳しだい

本日の仕出し料理屋は〈瓢樹〉。もともとは茶懐石が専門である。配膳はまず、仕出し料理屋が持ってきた膳を拭き椀をならべる。盛りつけは料理人の仕事だ。配膳は膳のうえに三品ほどのせ、箸紙をつけて座敷へつぎつぎ運び込み、席札に合わせて各人のざぶとんのまえに膳をすえる。

この日、配膳のしごとを手伝うのは、「やとなさん（雇い仲居）」とか助仲居とよばれる女性たちだ。

座敷では、席にすわったお客のひとりひとりに、「おめでとうございます」と挨拶をしながら高井が祝盃をついでまわる。

〈瓢樹〉の婚礼料理は茶懐石ふうに四つ椀で出すのが特色。最初の膳には、左手前に赤飯の小附、右手前にふくさ仕立ての雑煮、右奥に膾《なます》、そして中央に祝い肴の向附が。

それがおわると、かならず鯛を使った造り、炊き合わせ、揚げ物、茶碗蒸し、焼き物、蕎麦《そば》、祝い吸い物（合わせ蛤、神馬草つまりホンダワラ）、水菓子などが順々に。

こうした膳出しの緩急は、配膳の裁量にまかされている。だから、配膳のよしあしが、おのずと仕出し屋の仕事に影響をおよぼすのだ。

〈瓢樹〉主人・西村誠は「とにかく料理が活きるも死ぬも配膳さんしだいですわ」と開口一番にいった。座敷のなかの詳細は厨房にいる料理人にはわからない。その様子を配膳がうまく伝えることで料理人は仕事がしやすくなる。

「料理と料理の間隔があんまり空きすぎると、かえってお腹がいっぱいになって食べられんもんです。ちょっと間を空けて、また続いて出すほうが食は進むんですわ。重たいもんのあとにはお酒をすすめるとか、そんなんを上手にしてくれはるのが、いい配膳さんと違いますやろか」と西村はいうのだ。

あわてすぎずゆっくりしすぎず、食事のすすめ方というのもなかなかむずかしい。このほかに、お膳のあつかい方も大事なポイント。

「つまりお膳の持って行き方ですわね。こっちがせっかくきれいに盛りつけても、ぞんざいなあつかいすれば崩れます。たとえばおつゆなんか揺すって運ぶと、お椀の端に具がついてしもたりする。みっともないでしょ」と西村が顔をしかめた。

そうした繊細な気づかいができるかどうか。また料理には正面がある。それにもかまわず膳のうえへ無雑作にぽんぽん置いたのでは料理は台無しになる。

料理人と配膳の呼吸《いき》が合っているかどうかは、その日の料理に歴然とあらわれてしまう。どの点から見ても中宮利夫と高井石雄は、まぎれもなく第一級の配膳。それぞれの仕出し屋が太鼓判を押すのはいうまでもない。

京都はせまい地域に人口が集中して血縁関係が濃厚な土地柄。姻戚でむすばれた都といった感じがある。「京都で十軒の旧家が親族会議を開けば、ほぼ京都中の人間があつまる」というたとえ話があるほど。

人間関係が緻密なため、ひとの言動がとかく取りざたされ、その伝播の仕方もはやい。婚礼や葬儀などの人生の大事を無事にすませるには、配膳という安全弁をもうけるほうが賢明であり心配りも行き届くというものだろう。

第九章　座敷の空間演出

京都の町並みも、ずいぶんと様変わりした。それでもまだ日本画家・福田平八郎が《雨》に描いたような、点々と雨の滴がしみていく墨いろの甍の連なりを、京の町なかに眺めることはできる。

初夏のころだった。さる数寄家造りの古いお宅を訪れたときのことである。ながい廊下を通って奥まったへやに案内された。

眼がなれてきて、ようやくそこに炉が切られていることがわかった。昼下がりだというのに座敷はほの暗く、短檠《たんけい》の灯心だけが、ぽうっとへやの隅にともっていた。わたしは小ぶりの薄い麻の茶ざぶとんにすわって、ぼんやりと庭をながめた。

庭の木々の葉を透過した日差し、植栽や苔などの照り返し、それらが薄昏い緑の間接的な光線となって、ひたひたと庭から室内の暗がりに這い入ってくる。

そのはかないあかりが、薄絹でもかけるように床の間の柱や框《かまち》、京壁、天井の材にからみあい、室内にたゆたい、わたしをひたした。

京都の家といえば、うなぎの寝床といわれるくらい、間口が狭くて奥行が深い。ことに数寄屋建築のばあいは、まつ毛を伏せるかのように長い軒ひさしが直射日光を遠ざけているために、昼日中でも室内は薄暗い。

こうした家屋構造自体、よそものには容易にこころを開かない京都人のありかたを、よくあらわしているように思う。のれんやすだれ、また虫籠《むしこ》窓《まど》や千本格子などで内部が深く閉ざされる京都の家……。

たとえば「糸屋格子」など、格子の数で、店の商いがわかる場合もある。外光はその格子の数によって左右されるので、切り子格子が三本なら、二本よりよけいに外部から光線が入って明るくなるわけだ。作業上、明るさが必要な織屋であれば四本、それほどでない呉服屋なら二本です む、というふうに。

板戸でなく格子なら、内がわにいても、おもての様子はよく見通せる。逆に格子戸の外がわから、内がわをうかがうことはむずかしい。じつに閉鎖的、というか自衛の気持ちが強い家屋構造なのだ。

そもそも、明るすぎる照明はあまり好まれない。ひかりとかげりの文化が京都の暮らしのなかには、まだいきている。


料亭専属の配膳というのは、いま、きわめて少ない。そのひとりに星野静夫がいる。京都・岡崎〈つる家〉という屋形《やかた》のなかでのしごとが主だ。が、ときには出仕事もある。そのときのこんな話を、その星野から聞いた。

泥人形の蒐集で知られていた大阪のさる実業家が、それらを収蔵展示する美術館を京都・嵯峨野に建てたおりのこと。〈つる家〉の大事な顧客のひとりでもあるそのひとの〈人形の家〉開館の手伝いが、かれに一任されたのだった。

文部大臣はじめ、各界の来賓が会場をおとずれ、祝賀式のあとで催される宴の設営を取り仕切らねばならない。問題は、二階で式典がおこなわれているあいだに、一階ホールを急きょ模様替えするところにある。

それもわずか三、四十分ほどで場面転換、情緒あふれる日本座敷にしてみせなければならない。しかもその場で懐石料理をお出しして、もてなそうというのだ。

したがって、最初に客がホールに足を踏み入れたときは、イスを配置しただけの、ごくごくふつうのロビー風景。ところが二階の式を終え階段を下りてきた客が、つぎに目にするのは、まったくの別世界。まるで垂直移動して料亭に降り立ったかのように……、まぎれもない座敷空間なのである。この新しい趣向に星野のこころは躍った。

「もうそれは二度とは、ない席なんですよ。終わってしまえばショーケースが入って、ただの展示会場になるんですから」と。

本来なら立って歩く場所にざぶとんを敷き、そのうえにすわって食事をする。このふつうありえないような設営で、まず星野が念頭においたことは、ひとの目の高さから見えるものの捉え方、つまりひとの目線であった。

視線のゆくえ——それはあるひとつの空間を演出する際のキーポイントかもしれない。一定空間を、にわかに豹変させてひとに提供するという技、まさしく配膳の腕の見せどころ。

だが星野は、「そんなことは、配膳なら誰でもやっとることですよ」と、いっこうに頓着がない。

庭の眺めもご馳走のひとつ

座敷づくりを考えるばあい、単に客の人数に合わせてざぶとんを敷き、部屋をととのえるだけではすまされない。どこに客の視点が行くのか、庭の景観はどのようか、出入口は、上座下座の位置は……、そうした点をたえず考慮しながら、接客空間を演出するということにつきる。

「和風というのは何かいうたら、自分たちが歩くゆかとかたたみが食膳になるわけでしょ」そこが洋間とは決定的に違うと星野はいう。

だからたたみの目ひとつにまで気が行き届く。それから座敷に取り入れられる庭の風情、木々の姿や石、それらがまた、時間とともに刻一刻と変わっていく。たとえば障子ひとつとってみても、雪景色を見せるために開けるか開けないか、それによって部屋のなかの配置まで変わってしまう。

客が入室する前に、すでに部屋のレイアウトを決めてしまうよりも、宴がすすんでいく途上で、「お客さまとの境地が合《お》うたときに、こんなふうにしてあげましょうか、というような気もちを覚えてはじめてすること」とかれは思っている。

盃を重ねて二次会、三次会、転々と場所を変えるより、できることならからだを動かさずにその場で、そのまま酔いをたのしめれば好都合。場所を変えずに、時間の流れにそって客の気分のほうを変えてあげたい、そう願うこともまた接客術の要素とは……。

庭の様子もきょうのご馳走のひとつ、ぜひお客様に鑑賞していただきたい、というばあいがある。

ふつうなら床の間に近いほうが上座Aとなり、廊下からの出入口近くが下座Cとなる（図1）。ところが、全員に庭を見ていただこうというときはBを上座にしたい。そこで、こんどは図2のように庭に向かい合ったAが上座となる。

図1

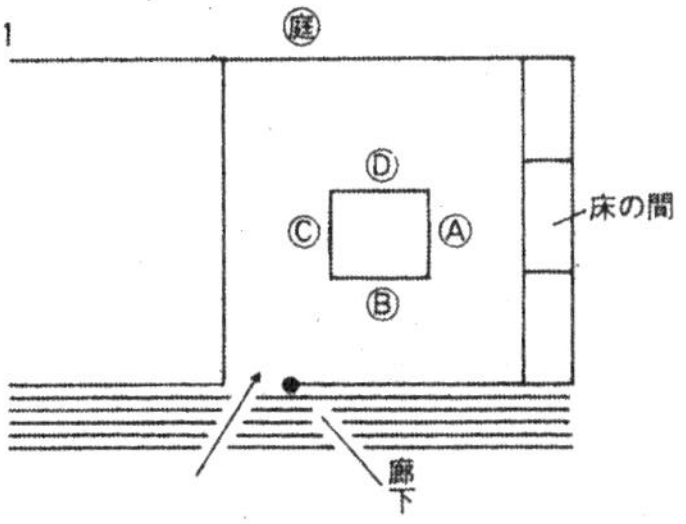

図2

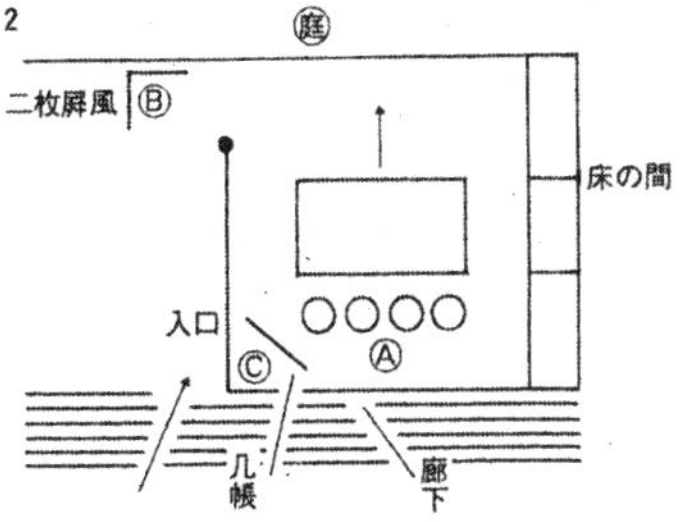

このAを上座にするためには、図1と同じように、Cから出入りするわけにはいかない。そんなばあいは、ふすま、屏風、几帳などの建具を使うことによって、裾口《すそくち》、下口《しもくち》を変えるという方法がある。

つまり、この部屋につづくつぎのひとつの部屋をつぶしてふすまを入れ、控えの間として使うのだ。控えの間から入って、Bを裾口にすれば、Aにならぶ客人を上座のあつかいにすることができる。

ただしCからの出入りは禁止という意味で、そこに几帳を立て、出入りはBからということを暗示するために二枚屛風を置く。

日本家屋というのは、建具をぜんぶ取り払ってしまえば柱だけ。ふすまで仕切ることで空間＝部屋ができあがる。さらに屛風、几帳、衝立、のれんなどを配置すれば、ひじょうに多様性をもった部屋の演出ができる。

「ホテルのパーティション、あの蛇腹。レールで引っ張ってくるような、あんな不粋なこと、しなくてもいいわけですよ。ちゃんと欄間《らんま》があって、しかもそこには、みごとな意匠までほどこされているんですから」と星野は部屋のあちこち、そして天井に近い上部を指し示しながら、くわしく説明してくれた。

ところで日本間にあるこの欄間という独特の細部、仕切るようでいて仕切らない。天井と鴨居との間を、壁を塗らずに欄間を設けて隣室と通気させる。

欄間には、秋の七草、藤袴に因むこんな話が——藤袴は別名を蘭ともいって香りがよい。蘭を部屋に活けたときには次の間にも香気を届けたい。そこで部屋の造作に取り入れたのが欄間のはじまりとか。花の香りを楽しみたい気もちが、室内の造作にまで影響をおよぼしているなんて。まあ、なんともイキなはからい。

西洋建築の基本は壁であるのにたいして、日本建築のそれは柱にある。日本家屋では壁にかわる間仕切りのすべてが可動なのだ。またそれが壁のように完璧に遮蔽できなくても、われわれはそこに空間を感じ取ることができる。そういうことを、星野は日々のしごとのなかで、身をもって実感している。

それから接客空間を構成する重要な要素として、客の席次と床の間との位置をあげたい。それを否応なく意識させるのは、〈つる家〉の特別の宴会で使用される五十五組の漆器のセットだった。

広重の《東海道五十三次》をもとに、江戸日本橋から京の三条大橋まで計五十五宿が一級の蒔絵師の手で描き出されている。これを使うのは、せいぜい年に二、三度。しかも政財界の要人の特別な宴会にかぎられる。

その場合は、上りの三条大橋の膳を正客のまえにしつらえ、振り出しの江戸日本橋の膳を末席に置く。つまり一席ごとに都へのぼっていくのだ。その席順は、もちろん列席者の役職や年齢によって定められる。

また序列はつねに、主客の右手側が高い地位になるように配膳する（図3）。

舞台がよく見えるように、上座を床の間から舞台のむかい側に移動させるばあいは、そのうしろに金屏風を立て、上座であることを暗示する（図4）。

ときには人数が多すぎるため、中央の空いた部分へ離れ小島のように別卓を出すこともある。この卓子席をシマとよぶ。シマはつねに下座となる（図5）。

星野がいう。「床の間というのは、だいたい西か北ですわね。ということは東むきか南にむく。

図3

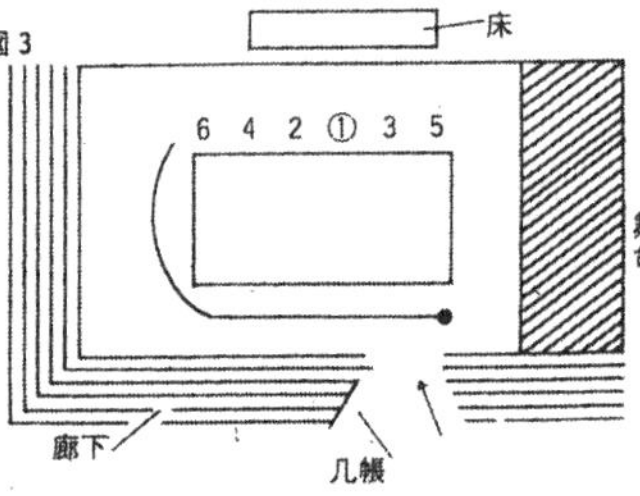

図4

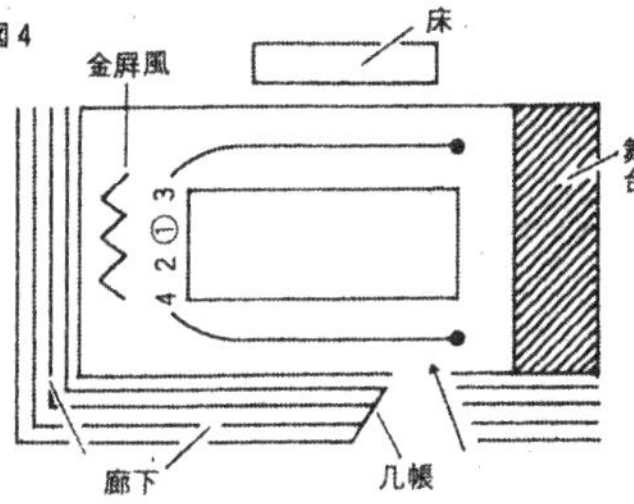

図5

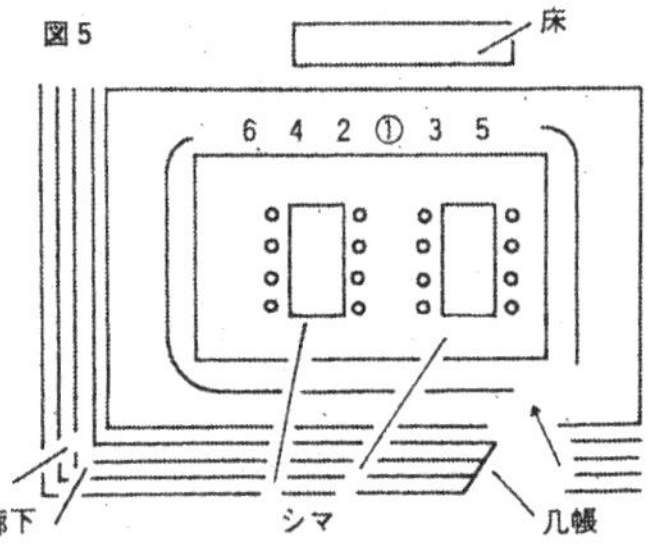

ひな飾りとおなじです。そうするとむかって右側に正客、左側に次客。と、まあ、わたしは一種の配膳術でこうしてます。けど、どこへ行ってこの方式にしても、とくに異論は出ませんなぁ。配膳はみなこんなふうに席をこしらえてます」

席次を考えるうえで、有職飾りの老舗〈島津〉（天保四年創業）で聞いたはなしが、たいへん参考になった。

ひな壇というのは京都御所の紫宸殿がモデルとなっている。その両脇に植えてある樹は、左近の桜に右近の橘。紫宸殿は北に位置して南にむかって造られている。吉の方角を序列であらわすと東、南、西、北の順番。ひなも紫宸殿と同様に、南むきに飾られる。男びなを、もっとも吉の方角である東に飾るなら、女びなは当然、西に。だから男びなはむかって右、女びなは左になる。随臣もこれにならう。つまり高位で老齢の左大臣は東（むかって右）に、若輩の右大臣を西に置く。

これが公家の文化にのっとる伝承的な飾り方なのだ。近年これがあいまいになり、左大臣と右大臣の位置をそのままにして、男びなと女びなだけを入れ替えたりしている。これは矛盾ではないか、と〈島津〉の会長はいう。こうした伝統的なかたちがくずれるのは戦後のことなのだ。

元旦の御立ち台に立たれる両陛下の並び方が変わったのは、アメリカ民主主義の風習が入ってきてからのことである。「それにならって、ひなの並び方を変えたところ（店）もあるということでして……」と。

〈つる家〉に出向いて、じっさいにひなを飾っているのは、同社の龍野猛である。

「星野さんも数年まえまでは、婚礼などの際に迷われてたことがありましたね。現代風《いま》だと、むかって左に新郎、右に新婦というのが大半でしたから。そこでわたし、このはなし（公家の文化とアメリカ民主主義）をしたんです。以来、自信をもってやれるようになった、と星野さんからお聞きして、わたしもほっとしましたわ」と龍野は笑みを浮かべた。

床の間をかくす「八間の床」

紫宸殿での宮中行事の多くは午前中におこなわれる。したがって、東からのぼる太陽をうける側に高位の、その影のかかる隣りに次位の席を設けることになる。これで正客と次客の席次の取り方にも納得がいく。

正客が格式空間である床の間を背にしてすわるのは当然のなりゆきだろう。星野によると、自分の席次が気に入らず、さいごまで不快感をあらわにして帰る客もいるらしい。

「男というものは、かくまで床の間にこだわるものなのか。末席を穢《けが》しまして、といいつつ床を背にすることを望むものなんだ、とね」

そういうと星野は、ためいきをつきながら頭を振った。

いかにも床の間というのは厄介なしろものだ。席の順位がその日の宴を左右することもあるなら、接待する側にとってはのっぴきならぬ問題だろう。

そこで、本日は無礼講でおすわりいただく、ということになったりもする。ところが、

「無礼講といいながらも、五色の折り紙で席を決めたりするんです。三宝のうえへ紫とか黄色とかのせて、それをお取りいただく。ま、クジみたいなもんです。しかし五色には順位がある。紫が一番とかね。すると、たいがい紫を取るのは遠慮するでしょ。無難な黄色にしとこか、とか

……。ま、セレモニーですなぁ」

上下にこだわらずに席を決めるといいながらも色彩の順位にはしたがう。日本人とは、なんと序列にこだわる人種なのか。で、「そういうややこしいことは抜きや」ということで、八間の床というのをしたことがあるそうだ。

「和室にはみな床があるでしょ。で、部屋じゅうに屏風をめぐらして、床の間をぜんぶ消してしまう。そしたら席順にこだわる必要ないわけですよ」

八間《はちけん》の床（または八面の床）というのは、まず部屋の周囲に六曲とか二曲の屏風を幾双もまわして床の間をかくしてしまう。そしてそれぞれの屏風のうえに竹の自在を掛け、短冊をつるして席をこしらえる。半双にひとつの短冊、そのまえに三人くらいすわれる計算だ。

しかも〈つる家〉では、かつて八間の床を背景に、包丁式をおこなったことさえある。これは、まな板のまえに端座した包丁人が、包丁と真魚箸《まな》を手に、俎板の魚に手をふれることなく料理して、客前でその腕前を披露する儀式なのだ。

六、七畳の座敷・寿の間で披露されたのは、包丁人が生間《いかま》流の田中某、扱った魚は鯛。包丁人のすぐそばには介錯人がつき、介錯人がめいめいに切り分けた魚を、配膳が客前に運ぶ。

このとき、座敷に入ってご用をつとめた配膳は三、四人。そのうちのひとりが星野。取材当時からさらに二十数年前のことである（図6）。

「いまでいう各界の名士の会ですな。むかしの旦那衆は気の合うたどうしが寄り集まって、い

図6

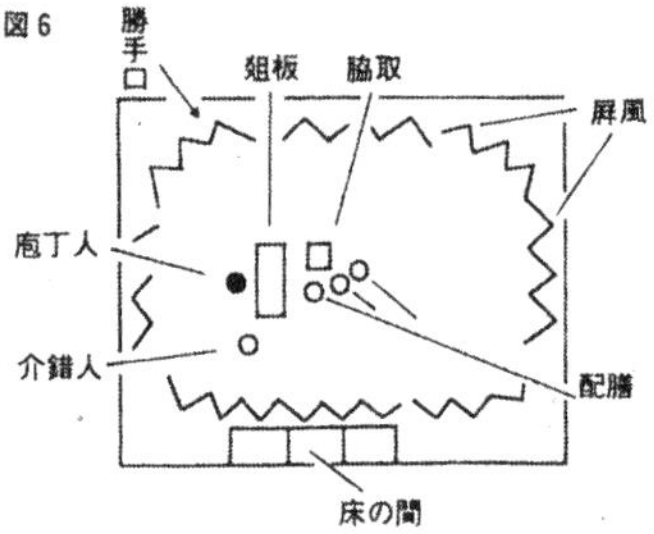

ろんな遊びをしたもんですよ。そのなかの古老で、〈初瀬川〉という漆器の老舗、そこの亡くなった大旦那が、よく〈つる家〉へ出入りしてました。その人たちが昼からやってきて、故事来歴に因んだ宴会をようやったもんですわ。八間の床もその人の意向でした」と、星野も往時をしのぶ。

さらに、屏風の使い方で、もうひとつ、べた張りという方法がある。屏風を平面にのばして一枚のパネルにし、壁にそってじかに張り巡らすというもの。ここにいたっては、屏風はインテリアの小道具ではなく、建物の一部と化す。むかしはそのために、ちゃんと長押に屏風留めをはめこむような部分があった。

「こんどの建築にそれがなかったんで、わたし、大工さんにたのんで、屏風留めを入れるとこ、ぜんぶほってもろたんです」と星野。

屏風留めというのは竹でできていて、ヘラのような形をしている。屏風をはさむ裏がわは漆塗り。屏風に直接、あたるといためるおそれがあるので紫色の小ざぶとんなどをあてがってやるのだそうな。

じっさいに、いまでも立食パーティふうの大宴会などで、金屏風をベタ張りすることがある。四壁に屏風を張ることで、たとえ客人のからだがふれても土壁のようにザラッとすれることがないように。

手燭や行灯を使った時代なら、金屏風の放つ光によって、ひとの顔やすがたは、いっそう美しく映え、水際立ったことだろう。谷崎潤一郎は『陰翳礼讃』のなかで、つぎのように書いている。


諸君はまたそう云う大きな建物の、奥の奥の部屋へ行くと、もう全く外の光りが届かなくなった暗がりの中にある金襖や金屏風が、幾間を隔てた遠い〳〵庭の明りの穂先を捉えて、ぽうっと夢のように照り返しているのを見たことはないか。

（中略）

暗い家に住んでいた昔の人は、その美しい色に魅せられたばかりでなく、かねて実用的価値をも知っていたのであろう。なぜなら光線の乏しい屋内では、あれがレフレクターの役目をしたに違いないから。つまり彼等はたゞ贅沢に黄金の箔や砂子を使ったのではなく、あれの反射を利用して明りを補ったのであろう。

包丁人（武士生活研究会編『近世武士生活史入門事典』柏書房、204頁）

京都にすだれが多いわけ

金屏風が、わずかばかりの光をも逃さず、あたりにほのかな明かりをもたらす調度品なら、すだれは陽ざしやひとの目を遠ざけつつ風を通し建物を保護してくれる。

だから京都では夏に限らず冬も、一年を通してこのすだれを外すことはない。軒先に吊られるすだれの一枚一枚。それらが風に揺られている様子には独特の風情がある。通りによっては町ごとすっぽり目かくしでもしたような、この奇妙な感覚。

視線をさえぎるそんな町なみを歩くと、ひそかになかをのぞきたくなる。それが案外、京都の町をミステリアスなものにしているのでは。

すだれは見えるようでいて見えない。外側からは、わずかになかの動きがわかるていど。逆にすだれごしに外をのぞくと見なれた日常の風景でさえ、なんとも新鮮な世界として目に映る。

自然の素材を用いて、すきまから光線がこもれびのように入り、風が通り抜ける。たしかに高温多湿の京都の夏をしのぐには恰好の道具だて。冷房が普及した現在、すだれは無用の長物なのではと思う。ところが冷房の行き届いた料亭ですら、京都では今もすだれは健在である。

京都ですだれが多いのは、暑さと狭さのせいでしょうと、すだれを商う〈久保田美簾堂〉の五代目、久保田晴司がいった。

とりわけ京都の町家などでは、間口せまく奥行き深しという敷地の制約をうけ、奥へ奥へと生活空間をのばさざるを得ない。そうした環境において、採光や通風の利くすだれは、京都の夏をすずしく演出するすぐれた道具だ。

だから京都人は、建物のどこへ、どんなすだれを吊ったらよいか、どのていどの長さなら暗くならずにきれいに見えるのか、ということに精通している。それだけなじみが深いのだろう。

一方、すだれはまた、かぎられた空間をよりひろく演出してくれる。すだれの丈が短ければ目かくしにも日よけの役にもたたないのでは、と素人なら思う。ところが、いきなり空が見えるよりは、すだれを置いて見るほうが、奥行き感が出て逆に空間がひろく感じられると、久保田はすだれの効用を説くのだ。

すだれの種類は大きく室内の座敷すだれと室外の軒すだれにわかれる。材質は竹、葦、蒲、萩など。またふすまや障子の代わりに、葦でできた障子、屛風、衝立などもある。

まともに雨風のあたる軒すだれなどでは、芯の切断面が切れるほど、いたんでいたりすることも。そとに掛けたすだれがそれだけいたむのだから、すだれがなければ建物はおろか柱、畳、建具類まで被害甚大になる。

「茶席やらのばあい、週にいっぺんほども使われませんわね。で、雨戸を閉め切りにしとかはりますと、数寄屋の大工さんがいうたはったけど、なかがこもって建物のために悪い。ふつうの家でも空き家にしといたらいかん、いうくらいですから。そこで雨戸の代わりに、すだれを吊る。するど適当に風も流れて雨もほこりも、じかには入らない。長い目でみたら、建物の損傷を防いでくれるわけです」との説明に納得がいった。

久保田が〈つる家〉ですだれを掛け替えるのは年に一、二回。だが、何十枚ものすだれを一時に新調する必要はない、と配膳の星野は判断する。

いたみの少ないものは材料をそのまま洗って編みなおし、目立たないところへ掛けておく。風あたりのつよい二階角のすだれだけを新調してもらう。が、そこだけ真新しいのは格好が悪いので、手まえに順送りして新しさが目立たないように工夫したり。

こうして人知れず気をくばり、無駄のないように、あれこれ勘考できるのも配膳がいればこそ。ひとが寄り合う場所では、そのときどきの状況に応じて、ふすま、障子、板戸などを取り外したり、はめこんだり、また屏風、几帳、御簾《みす》などを使って座敷をレイアウトする。

しかもそれらは可動性のものであり、すみやかに撤去できてかたちをのこさない。置く場所や置き方によっては空間の意味すら変えてしまう。

和風のインテリアを構成するこれらの建具や調度品のたぐいは、きわめて感覚的な特性をもち、その暗示的で象徴的な機能とともに、数々の約束事が集約されている。和風空間を幾とおりにも場面転換できるこれらの道具類は、まさに空間演出のバイプレイヤーといえるだろう。

そのどれひとつが欠けても、数寄屋の料亭というものは絵にはならない、と星野はいうのだ。

また、それら脇役たちによって様相を変える接客空間は、ひとつの舞台にたとえられるかもしれない。

その脇役たちを活かす技、そしてその舞台を一幅の絵のように仕立てあげる術《すべ》を、星野は知っている。それをかれに教えたのは、〈つる家〉の会長・出崎準一だ。幼少のころから歌舞音曲に親しみ、日本の伝統文化になみなみならぬ感性をもつ人物。

「このひととの出会いが、わたしをつくった」と星野はいう。「どっから見ても絵になるようにしないかん」という出崎のことばが、かれのしごとの姿勢となっている。


新橋通りから、ちょうど桜が盛りの白川通りを歩いてみた。この付近は特別保全修景地区なので、すだれを掛けると補助金が出るそうだ。

川沿いの料亭が内側のあかりを透かして、ぽおっと夜の闇に浮かんでいる。遠くから眺めると、まるで優雅な竹かごのようだった。

軒なみのすだれに川面の揺らめきが映りこみ、陽炎のようにゆらゆらと、まるで水中にすだれを掛けてあるかのごとく。

こちらのすだれには桜の花影が、あちらのすだれには樹の枝ぶりがまるで墨絵のように――。

絶妙のレイアウトで佇まいに詩情をただよわせ、木造建築のみごとな意匠のひとつと化していた。

第十章　西陣、いまとむかし

西陣の中央を東西に走る今出川通、それと南北に交わる大宮通。この交差点はむかし、「千両ヶ辻」と呼ばれ、一日に千両の荷が動いたという。この近辺をそぞろ歩いていると、どこからともなく織機の音が、西陣の町の鼓動のようにひびいてくる。

ここ西陣にも、かつておおぜいの配膳たちがいた。昭和三十年から四十年ごろ、総勢二百人ほどもいた配膳のうち、三割近くは西陣の者が占めていた。それ以前なら、もっと多かったのかもしれない。このへんの事情を、西陣に長い配膳の中宮利夫にたずねてみた。

「西陣の配膳いうのは、もともと手に職もってたひとなんですわ。織物が斜陽化したから配膳やりだしたわけではないんです。西陣ちゅうとこは、ひとも多かったんでっしゃろ。じゅうぶん、仕事がまわってなかったんと違いますか。そやなかったら配膳に出て行くちゅうようなヒマがないですわな。おもに糸繰りやとかね、そういうことしてたひとですわね。糸繰り仕事は嫁さんでもできましたんでね。自分が（配膳仕事に）出て行ったかて、じゅうぶん間に合うたんでっしゃろね」というのだ。

糸繰りというのは継続して平均的に仕事があるわけではない。けっきょく、織屋（機屋《はたや》）の注文しだいだから、仕事がドッと入ることもあれば手持ち無沙汰のこともある。仕事が途切れたら配膳に出ていくという寸法だ。また中宮は、このようにいう。

「一方、機織ってたひとは戦争とかそういうことで、仕方なし配膳やりかけたんですわね。けっきょく、ひとつはやっぱり戦争ですわ。戦争が激しなって西陣ちゅうもんがほとんど動かんようなって、やむを得ず配膳になったひともあれば、戦後、西陣が復活するまで配膳やってた、いうひともあるやろしね」

つまり、西陣にいた配膳にはふたつのケースが考えられる。ひとつは糸繰り作業に従事していて、その作業の切れ目に、配膳に出ていたもの。もうひとつは、機織りしていたひとが、戦争で織物工業のとだえた時期、生活の糧を得るために配膳になったもの。

このなかには織物の再興とともに、もとの機屋にもどったもののもいれば、そのままついに配膳に転職してしまったもののもいたはずだ。

「そやからそうとう古う、戦前からやってたひともおりました。わたしが昭和三十九年にこれやり始めた時分、西陣の配膳で、もうすでに五十年やってるちゅうひとがおりましたからね。機織ってたひととか糸繰りしもって（しながら）配膳かねてたいうのは、もうかなり古いひとばっかりですわね。そやからひとり死に、ふたり死にして、西陣の配膳はいまはもう、だれもおらんようになりましたですな」と感慨深げだ。

西陣のなかでは春、夏、秋と年三回の温習会、そして春の北野をどり、また上七軒のお茶屋あたりで、たまに配膳をよぶこともあっただろうが、むしろかれらは西陣のそとで仕事をすることが多かった。

当時は配膳の仕事が、いまほどはっきりと分野別になっていなかった。展示会、料理屋、婚礼、葬式、茶会など、どこへでも出むき、なんでもこなしたものだった。

配膳と呉服業界の縁

呉服の展示会もさまざまあり、織屋、問屋など、みなそれぞれに陳列会をもよおした。染色図案の展示会にはじまり、染め（いわゆる友禅屋）、そして中卸、卸屋、小売屋の展示会まで。呉服商品が織屋から消費者の手にわたる流通経路にそって、ずっとおなじ配膳がつきあってまわるということもあった。

西陣の織屋にせよ室町の問屋筋にせよ、展示会には芸妓や舞妓をよび、料理屋を入れてその場で料理させ、酒でもてなしたものだ。こうした展示会が年間を通じてかなりあった。だから呉服の展示会は配膳の仕事のなかで、大きな比重を占めていた。

しかし、昨今の展示会では弁当とお茶の接待だけで、配膳のする仕事も簡単になった。こうした展示会のほか、問屋がなにかイベントを企画して小売屋に消費者をあつめさせることもある。呉服関係の仕事も多い配膳の吉崎潤治郎はつぎのようにいう。

「なんか変わったためずらしいことをせんことには、いまどき着物が売れしまへんのや。で、祇園のお茶屋で宴会ひらいたり、薪能を目玉にお客を京都へ引っぱってきて京都見物させたりするわけですわ。そこでは問屋も儲けないかんし小売屋も売らないかん。金剛さん（金剛流家元）をよんで能を見せるときは、わたしのほうから広野さん（配膳の広野福三）にお願いしたり、祇園のお茶屋に芸妓・舞妓入れて料理出すときは、矢田さん（配膳の矢田平八郎）に頼んだりしてます」

こんなふうに、いまでも呉服業界と配膳は切っても切れない縁がある。かつて『西陣の姉妹』という映画があった。一代、栄華をきわめた織元が没落していく過程をたどったもので、そのなかに配膳のすがたも描かれていた。

そんな西陣にいた配膳の面影をさがして街なかを歩いてみた。中筋通で「愛染工房」と書かれた看板を見かけた。手織物や本藍染、刺し子や袋物などを置いているこの界隈にはめずらしい店だった。

ふらりと店内に入り、店のおくで藍染めの布を縫っている婦人に、むかし西陣に配膳がいたと聞いたが、と声をかけてみたが、さて、と首かしげるばかり。そこへすがたを見せたおくさんも、「糸繰りしながら配膳してたひとやなんて、さぁ、そんなん聞いたことおへんな」という。絹糸を扱う糸繰りしごとは繊細微妙。配膳仕事で手を荒らしては仕事にならないとのこと。奥からあらわれた主人にもおくさんは同意を求める。

ところが「西陣の配膳か。居《お》った。ようけ居った。おまえたちの知らん話や」と、大正六年生まれの主人、宇津木暲三は切り出した。西陣では特異な存在の織屋だが、宇津木は商売を息子にまかせ、いまは楽隠居の身である。

「うちにもどこぞに、たしかまだ配膳袴があったはずや」宇津木がつぶやくようにいうと、おくさんたちから「ほう」と驚きの声があがった。

むかし、西陣では大きい織屋のお宅などで、なにかにつけて配膳をよびよせて宴会をもよおしたものらしい。

「うちではいま住んでるこの家を親父が買うたときですわ。ぼくが中学五年やった。ここはむかし〈大文字屋〉いう両替屋でしてん。そこ買い取った祝いに座敷二十何畳、ズボーッと空けて、宴会三日間くらいやった。昭和十年ころのはなしやね。客が順番に寄付きから坪庭を通って茶室へ行きますわな。そして帰ってくる。そのあいだに席ができてます。順々に席へ着いてもろて、それからお膳が出るんですわ。料理は仕出し屋がやってくれますねん。配膳はふたりほど。あと上女中ふたりに下女中もおったからね」と、主人は店の間にあぐらをかいて、むかし話をしてくれた。

だが、そんな宴会は自宅に道具がそろっていればこそ。そうでなければ配膳をたのむこともできない。料理屋へ行くしかないからだ。そのために器は「数もん」が要った。ひまがあれば道具屋をのぞいてみたり清水坂あたりを物色したりもする。

数がそろわず、たとえば二十人の客にたいして向附が十ずつしかないということもある。そんなときは二種類の向附を交互に各自の膳につける。すると客は「おい、この織部ええなぁ」「どれ、ちょっと見せてんか」「けど、そっちの九谷もよろしやないか」と、客どうしが自分の膳に置かれた器を持ちあげて、たがいに鑑賞し合うというたのしい光景が展開されたりもしたものだった。

ただし配膳をよんで宴会をもよおすような家は、西陣界隈でも数が知れていた。西陣が隆盛を誇った時代でも、ほんの数軒ほど。

宇津木の話では、織屋というのは初代でドンと大きくなっても、二代目、三代目でつぶれるところが多いとか。明治二十七年の町内の名簿では、五十軒のうち、今日このごろ（平成初年ごろ）、名前の残っているのは、わずかに二軒くらい。

それほど西陣というのは変遷のはげしいところだ。仕事そのものに投機的傾向があるから一歩まちがうとおそろしいことになる。

着尺もそうだが、とりわけ帯にそれがいちじるしい。だからなかには、織屋の主人が没落、あるいは放蕩のすえに配膳になるという者もいたかもしれない。が、それはむしろ賃機屋《ちんばたや》のオヤジに多く見られた。

ここで少し西陣の機構について述べておこう。織屋（機屋）というのはメーカーにあたるが、一貫作業をしているところは、きわめて少ない。原糸から製品になるまでには、ふつう十数もの工程がある。そしてそれぞれが分業化、専門化されている。織屋は図柄を決定し、一本の原糸から製織にいたるまで、各分野を監督してひとつの製品に仕上げるのだ。

織屋にもいろいろある。自宅や自分の工場（内機《うちばた》）だけで製織するところ、内機を持たず、すべて賃機業者（出機《でばた》）に出すところ、またその両者を合わせ持つところ。

賃機業者は原材料および織物に必要な道具類いっさいを親方の織屋から借り、自分の家で製織だけをおこなう。機（織機）じたいも織屋から借用している者もいる。

ところで、織物の生産地に博打はつきものだった。賃機屋が博打に手を出してスッカラカンになり、なかには配膳に転職する者も少なくなかった。

宇津木がその間の事情にくわしい。

「糸をいらえたら（あつかえたら）西陣いうとこは飯が食える。糸を枠につける、枠からもどす。あと糸を継いでいく経継《たてつぎ》やとか。こういうことができたら、西陣では八十か九十の婆さんでも飯、食えるわけ。けどそんなんは嫁はんのしごとや。そのオヤジいうたら酒は呑みたいわ、金はないわで、嫁はんのヘソクリこそげていくのが関の山や。けど配膳に行ったら酒が呑めるいうこっちゃ。それも、お茶も満足に淹れられへん、着物の着方もなってない、いうような者ではどうにもならへん。わざわざ行儀、教えんでも間に合うのでないと。そんなんが配膳の親方のとこで着物と袴借りて、お世話はんです、いうて親方について行くわけですわ。そやからいまどきのなんにもできん若い娘《こ》と違うて、配膳に行ったかてすぐ役に立ちますねん。大正から昭和にかけて、けっこうそういう配膳おりましたわ」

配膳の個性もさまざま。ちょっと小唄のひとつもできる者、あるいは咄家にしたらどうかと思える口達者な者も。が、配膳が客前で芸を見せるということは決してない。

宴会のあと主人のほうで、座敷のつぎの間へ宴盆を置き、その日の料理の残りを皿や鉢に盛り合わせ、そこでいっぱい呑ませるわけである。そんな内々の席でなら、かくれた芸が披露されることがあったかもしれない。

新しい足袋裏には水を打て

京都もいまとなっては、自宅におおぜいの客を招き配膳を頼んで宴会をもよおす、などという贅沢なことはめずらしくなった。だが、そうした宴をいまだにつづけている数少ないひとりが舞鶴政二郎。西陣の帯屋〈西陣まいづる〉の会長である。

「わたしのとこも、まぁ、年に数回、宅がひろいので十数人ほど得意先の問屋やら銀行関係をよんだり、あと長唄とか常磐津やらの邦楽の会ひらいたりしてます。そのときに料理屋から女中はついてくるけど、配膳はあくまで招待主である主人、つまりわたしのお手っ伝いをするんです」と会長はにこやかにいう。

舞鶴家はもともと御所出入りの呉服商であった。六代目までが呉服問屋、七代目の父親の代から織屋に。そして八代目が政二郎。明治三十九年の生まれだが、西陣織工業組合の顧問もつとめ、堂々の現役ぶり。西陣で生まれ育ち、父親の代からこの地で八十年を過ごしてきた。

むかしはホテルなどほとんどなく料理屋も少なかった。たとえば五、六十人の客を招待するなら、三、四日かけて十二、三人から二十人くらいずつ自宅によんだものだった。

むかしの古い家ならどこでも椀や膳など宴会用の道具をもっていた。地方《じかた》（囃子方）、立方《たちかた》（舞い）に芸妓や舞妓をよび、そんなときに配膳をたのむのである。

舞鶴の長女、美智子（常務取締役）の話では、大きな宴会は店を移転したときとか組合の役員会、あるいは法事のおりなどで、近年ではめったにない。せいぜい十人から十二人くらいの宴会が、年に数回ひらかれるていどとか。

右京区御室《おむろ》にある自宅は、二階の窓から仁和寺の山門をのぞみ、庭は双ヶ岡《ならびがおか》を借景にした申し分ない環境。

広縁につづく六畳と十畳のあいだのふすまを取り払って宴がひらかれる。むかしと違って料理の器は仕出し屋持ち。グラス類、盃、銚子、お薄茶碗だけを用意すればよい。

台所六畳、食堂八畳、それにつづく和室四畳半には準備のための道具を一面にならべておく。この和室のほうは、宴会が始まれば芸妓の控えの間となる。

そして出張してくる仕出し料理屋が働きやすいように冷蔵庫の中身をぜんぶ出し、流しやレンジを明け渡さねばならない。

料理屋はあるていど下ごしらえしてくるが、揚げ物など自宅へ来てからする仕事も多い。むろん、各種の調理道具をたずさえてやって来るのだ。配膳は料理屋より一時間ほどまえ、午後三時にはすがたを見せる。

配膳の高井石雄はこの舞鶴家に、かれこれ十六、七年出入りしている。舞鶴家のほかにも二軒ほど。やはり西陣の織屋、そして実業家の別邸。また個人の邸宅へ。このような配膳仕事を、ふつうお宅仕事とよんでいる。

「三時といわれたら、十分か十五分まえには先方に入ってますわね。まずやるこというたら庭の水まきですな。時間が早かったら苔のなかの雑草を抜いたり、ガラスの汚れが目についたら拭いたりね。蹲踞《つくばい》の水、替えることもありますよ。そんなことせぇでもいいんだけど、ま、一服しててや、といわれても、ぼやっとタバコばっかり吸うて、じっとすわってもおれんでしょ」そういって高井は笑う。

仕出し屋が来るまでにお宅の道具出しをしておかねばならない。主人といっしょに蔵へ入ることもある。箱から出してほこりをぬぐったり数をそろえたり、高価なお薄茶碗などをあつかうときはことさら気が張るものだ。

「ご主人はもちろん、来られるお客さんも、お茶やっておられる方が多いです。だからお薄の器にしても、いいものお出しします。そやから、気ぃつけんなりません。舞鶴さんのとこに渡り廊下あるんやけど、こけたらあかんさかい濡れ雑巾で拭いたり、ね。廊下で滑って茶碗でも割ったらえらいことです。そやから、わたしらサラ（新品）の足袋はいたときは滑らんように、裏にパパッと水を打ってしめらしとくんですわ」

配膳は裏方の総指揮

仕出し屋が四時ごろ到着すると、いっしょに道具類を運びこみ、台所を使いやすいようにととのえる。

座敷での席づくりや膳組みを終えるころには、ぼつぼつお客が来訪する。天気がよければ庭に緋毛氈を敷いた床几を出し、赤い日傘のもとで舞妓たちと歓談しながら全員そろうまで待ってもらう。

料理人はふたりだが、あるていど仕度がすむとひとりは帰ってしまう。そこで配膳は膳組みだけでなく盛りつけもして料理人を助ける。

器の上げ下げ、酒の燗、酒と料理のタイミング、料理の進行具合など、二時間から二時間半ほどのあいだとはいえ、配膳にとっては緊張の連続だ。客にはゆったりとくつろがせながら、帰りの時間に合わせてつぎつぎ料理を出せるよう料理人に、きめこまかな連絡を怠らない。

むろん、上七軒のお茶屋からは地方、立方の芸妓のほかに女将までやってきて膳出しを手伝う。また最近では仕出し屋のほうで仲居をつれてくる。だが配膳は高井ただひとり。適切な指示を出しながら、ひとをうまくさばいていく。

「いうたら裏方の総指揮ですわ」、と長女、美智子が、ずばりひと言。

つまり宴会が始まれば、主人の側も客にお酌しながら、話に夢中になったりする。で、「配膳さんが料理の進行とかお酒のすすみぐあい、ひとの流れのぜんたいを見て動いてくれるので、ものすごく気が楽なんです」と。

だから、上七軒のひとはお酌をして芸を見せ、料理人は料理に集中するだけ。ひとのあいだを埋める配膳がいればこそ、各人が安心して持ち場の役割をはたしていける。もし配膳がいなければ、用意の品物を渡し忘れたり、あるはずの物が所定の場所になかったり、とかく素人のやることには手落ちがある。

「お客さんの送り迎え、あれはもう、わたしら素人にはできません」とのことだ。帰りの客にコートを着せかけ、下駄をそろえ、みやげを渡して送り出す。雨なら傘も差しかけて……。必要なら玄関までの細い通りを車の誘導までしてくれる。

いつの間にか、そういう段取りになっている。施主がいちいち指図し、諸事万端に神経を使う必要はない。客とともに宴を楽しみ、なんら気づかうことなく万事が円滑に回転していくのだ。

宴会の後片づけがすむと十時に近い。配膳に鮨でもとり、弁当と客用のみやげの上等の菓子など持たせて帰す。

配膳を使う旦那の流儀について、政二郎はこのようにいっている。

「配膳によって亭主のしごとが行き届くんやから、一《いち》使うたら五ぐらいプラスせんとね、ええ配膳には。まあ、いっぺん休んでや、いうて家内がお薄点てたりね。ただ単に経済的な報酬、払うだけやなしに、ああ、ご苦労はんやったな、いうことを精神的なもてなしでも、あらわすことが大事や」これぞ西陣の大旦那である。

近ごろ、自宅で配膳を使おうという旦那衆が、西陣でもますますすくなくなった。また織屋にしろ問屋にしろ、呉服の売り出しや陳列会に配膳はつきものだが、むかしほど凝ったことはやらなくなった。

〈西陣まいづる〉ではかつて、秀吉が北野神社でもよおした北野大茶会をまねて、上七軒の芸妓や配膳を引き連れ、西陣織の帯の宣伝のため、名古屋のデパートに乗りこんで茶会を開いたこともある。

いまでは、むかしふうの凝った趣向より立食パーティが多くなり、ショー的なもよおしで接待する傾向がつよい。作れば売れるという時代は終わった。ホテルを会場にすることが多くなり、配膳を使う機会も減ってしまった。

西陣織は四季折々の祭りや踊り、また茶道具や表具を飾り、能装束などを華麗に織りあげてきた。長い歴史と伝統文化をほこってきた西陣は、近年大きく変わってしまった。

西陣らしい町なみは、いまやほとんどすがたを消し、織屋、問屋の多くはビルのなかにおさまっている。紅柄《べんがら》格子の織屋のたたずまいを残しているのはごくわずか。忘れ形見のような感じでぽつりぽつりとあるだけだ。

機音につつまれたせまい通りを秋の風が吹き抜けていく。その風のように、かつていた西陣の配膳たちは、町の変貌とともにすがたを消してしまった。

第十一章　水屋仕事にはげむ

お茶もまた、待合から露地を経て本席、掛物から釜、茶入、茶杓等々、直接客の眼に手に触れる表面に現れた部分と、それをそれまでに準備するところの楽屋、すなわち裏の部分と陰の仕事とがあり、その裏、陰の部分が「水屋」である。(佐々木三味『水屋』河原書店)

この書には「みずや」の文字についても書かれている。一般的にあてはまる漢字は「水屋」。これは水屋形《みずやかた》の略語である。

水屋形とは、よく神社や寺院の境内で見かけられる、参拝者が口をそそぎ手を清める場所。たいてい井戸や手水鉢を備え、そのうえに四本柱の屋根がある。茶道では清浄を尊ぶ。なので茶を点てるまえに心身を清めるための部屋ということで水屋とよぶのだ。

また水屋という語には、「茶室に付属するか、またはその一部として、特別の設備を有する場所、または部屋の意」そして「水屋の仕事、およびその仕事に従事する人の略称」、つまり「場」と「人」とのふたつの意味がふくまれている。

茶事は本来、亭主(茶をもよおす主人)独りでできるが、客が五人以上となるとそうもいかない。亭主の補佐役が必要だ。それが水屋である。いまではもっぱら、茶道具商が水屋をつとめる。すこし贅沢におこなう場合は、宗匠や先生が総監督をし、そのしたに弟子、茶道具商、出入り方がしたがう。

さらに、何十人、何百人と客の数が多くなれば、それに比例して水屋を手伝う人もふえる。そうした大寄せの大茶会には、出入り方の一員として配膳も水屋に加わる。茶会によっては参列者の人数が五百人、あるいは千人を超えることもある。こうなるともはや、配膳を頼まずに茶会をひらくことはむずかしい。

茶会の仕事は、ふつう茶道家元内部のものと家元外部のものとに大別される。配膳の中宮利夫は後者で、家元外部の茶会しごとを引き受けている。つまり神社などの御献茶式や寺院などの御《お》供《く》茶《ちゃ》式。年間およそ三十回ほどあるとか。

この献茶と供茶には添え釜がかかり、参列者は本席、副席、拝副席とつぎつぎにまわってお茶をいただく。お点前のお茶は正客だけで、あとは水屋からの点出しで運ぶことが多い。水屋では湯わかし、茶碗洗い、点出し、茶席の準備と後片づけに追われる。

中宮は以前、こうした水屋作業もこなしたが、現在はもっぱら、献茶、供茶のさいに、各家元の職方（千家十職）や水屋の先生の世話、弁当の手配にたずさわっている。

中宮が従事していたころの水屋仕事について聞いてみた。

「わたしが水屋仕事やってた当時は、いまみたいにプロパンガスのボンベもない時代でしたんでね。そやから朝でも五時ごろから先方へ入って、コンロで火をおこしてお湯わかす準備して……、それも貸し物屋さんから来る銅壺《どうこ》ちゅうもんでお湯わかすんですわ。いまはもう簡単、朝も七時ごろに入ってプロパンでボッと火をつけたら、もう、じきですから」と笑った。

なにしろ水屋仕事の第一義は、まず湯わかしにある。そこで、「お湯を切らすということは、ぜったい、これはもう（水屋の配膳として）失格ですわね。とにかくお湯ですわ」ということになる。

水屋仕事へ行った先に井戸があれば、その井戸水を使ってお茶を出すようにたのまれることもある。そんなときは、まず井戸から水を汲んで水がめにたくわえておく。それを揺器《かいき》（または水屋杓）で汲み出し、水こしという道具でこしてチリホコリを取り除く。

この水こしは曲げ物で、底にサラシかアサの布がはってある。これで汲んではこし、汲んではこして、やかんか銅壺にみたし、三、四十分かけてわかす。

銅壺、この聞きなれない道具は、いったいどんなものか。いうなら風呂桶を小型にしたような湯沸かし器だ。長径七十センチ、短径三十五センチで、高さ七十センチほどのもの。火つぼに炭をいれて火をおこし、桶のほうに水をはって湯をわかす仕組み。

朝、水屋に入って最初にする仕事はこの湯わかしである。そのために、まず火をおこさねば。火種の炭はくぬぎ。この火種をコンロでおこして水屋仕事がはじまる。ところが、それからの火おこしが難題なのだ。しかも夏と冬とでは火のおこし方まで違うときている。

「むずかしいですよ。夏は火種を下において黒い炭をのせるんです。冬は先に黒い炭を入れといて、上に火種をのせるんですわ。むかしから夏下冬上《か かとうじよう》て、よういうたもんです」

これを逆にすると火のつきがわるく、なかなかお湯がわかない。

「そやから、この仕事やりかけた時分は、そんなんわからんからね、先輩より早よ行って準備しんことにはいかん、と。そうしてやってると、あとから先輩が出て来ますわな。先輩いうたかて、戦争があって間が空いとるからドンと歳が離れとるわけですわ、われわれの先輩は。むこうは超ベテラン、こっちはほんまの新米。夏下冬上を知らんとやっとるから、なかなか火がいこらん。ほたら、だれがやったんや、こんなもんあかんやないか、いうてバーンとひっくり返してしまいよるんですわ。そしたら、また一からやり直しや。せっかく早よから行って一所懸命やってもなにもならんですわ」

中宮の顔つきまで、ついついシブくなる。こうして先輩たちのやり方を見よう見まねで盗み取り、しだいに身につけていったのだ。ところがである。この夏下冬上をまねしてみたところで、そう簡単に火はつかない。かれはつづけていう。

「あれもコツがあってね、おんなじように夏下冬上にしても、なかなか火がついてくれんのですわ。やっぱり火種の入れ方によるんでっしゃろね。炭を立ててうまいこと組んでやらんことには。ただ放り込んどいただけでは。空気の流通よくしてやらんとね」

なにごとも、いろいろ工夫をせずに、ただ杓子定規にまねだけしても、使い物にはならないということらしい。

お茶席の風炉釜の炭もおなじことだ。炉の炭にしても、入れ方しだいで釜の音色までちがってくる。適当に入れたのでは、やはり釜も鳴らない。配膳がこの茶席の炭をおこすということも、むかしはあった。いわゆる炭点前にいたるまでの段階での炭おこしだ。

「炭点前ちゅうのは、はじめから炭をいこすわけやないんです。あるていど入れといて、お客さんが見えてから、先生が出て炭点前をする。だから炭を入れる準備は下っ端の先生もやるし配膳もやります。それも水屋仕事の一環になっとるわけです」

風炉や炉には、道具炭をおく位置や入れ方、本数などに、きちんとした決まりがある。だが、それは茶の流儀によっても違う。水屋仕事をする配膳なら、こうしたことも一応は知っていなければならない。

水屋を勤める人は、あらゆる茶事の形式内容から点前の全般、さらに掛物のことから茶器はもちろん、水屋用品にいたるまで、精通はしていなくとも、一通りは心得ている必要がある。（前掲『水屋』）

「むかしはそうでした。けどこのごろは、配膳が水屋に入って、ちゅうようなことは少《す》けないですから」との中宮のことばに、なんとなくホッとした。

大寄せの茶会の水屋作業では、ふつう、そう大した技術は必要とされない。というのは、正客に出すだいじな主茶碗には、かならず、だれかがつくし、お茶の先生がたも注視しているからだ。

配膳があつかうのは、もっぱら二十とか五十とかの数茶碗。冬ならわいてきたお湯のなかに茶碗を入れて温めておく。で、それを引きあげて、ふいては水屋当番の先生にわたすわけだ。

お湯は切らさず、つねにわかしておく。ときたま、点出しに手がたりなければ、先生や弟子にまじって配膳もいっしょに点てたりする。

だいじなのは、むしろ後片づけ。数茶碗のほうは、洗ってふき、つつんで箱にしまうところまで。神経をつかうのは茶釜の後始末だ。

「炉の火をとって、お釜さんを乾かすわけですわ。しかもきつい火でやるとほれ、パチッといきますのでね、むずかしいですよ。けっきょく準備より後片づけでっしゃろね」と。

釜をしまうためには、炉の火をぜんぶ、取り除かねば。ただし灰のなかに細かい火種が少し残るていどに。そして手をかざしてみて、その温もりかげんをたしかめてみる。その残り火に洗った釜をかけ、完全にきれいに乾かすわけだ。

この残り火の温度がまた、曲者である。熱すぎてはヒビが入り、ゆるすぎると乾かないばかりかサビが出る。

「お茶のお釜ていうのは、底にみんな、どの釜でも鉄《かね》(煮え鉄または鳴り鉄という)が貼ったぁるんですわ、かならず」と中宮がいう。それで、きつい火にかければパーンとはがれてしまうわけなのか。

これが茶人に珍重される、いわゆる松籟《しょうらい》の音(茶釜の煮えたつ音)。その釜その釜で異なるあの松風《まつかぜ》の音色とは、その鉄の貼りぐあいで異なることをはじめて知った。

金閣寺の献茶副席

現在、茶会で配膳をたのむのは、百人から百五十人以上の、大寄せの客のばあいである。毎年十一月十五日にひらかれるという金閣寺の献茶副席（席主・官休庵の三宅守貞）を見学する機会があった。

このときの参拝客は三百八十人ほど。受付、下足、荷物預かり、点心弁当の世話をするのは矢田平八郎以下六名の配膳。水屋作業の配膳は大正十一年生まれの播磨国明だった。

金閣寺といえば、金森宗和が好んだ数寄屋造りの茶室〈夕佳亭《せっかてい》〉が有名だが、この日の茶会には客殿が使われた。

水屋となる広縁には、すでに弟子とおぼしき和服すがたのご婦人たちがつめている。その日、使用されるはずの茶碗、菓子類がならび、縁のすぐかたわらにガスボンベとガスコンロが二台、設置されていた。

配膳の播磨は水を汲むため、すぐ庫裡へむかった。中庭には大きな古い井戸があったが、そこは素通りして、庫裡の外がわにある流し場の蛇口をひねる。そこからポンプで吸い上げた井戸水が浄化・殺菌されて出るようになっている。

大きなポリバケツいっぱいに汲んだ井戸水をこぼさず、先ほどの水屋へ運ぶ。ガスボンベのおかげで、いまや湯をわかしたり種火をおこしたりするのは造作もない。けれども、やっかいな火おこしも一応は心得ておく必要がある。

矢田平八郎は、「種火のついでに胴炭の火おこしもやっといてくれ、いわれることあるから、配膳でも一応、炭の置き方を知っとかんと、ぐあいわるいですわ。消し炭なかったら、かまぼこの板をポンポン割って七輪で火おこしてね、ようやったもんです」と思いおこしていた。

たのまれればなにごとも、できませんとはいえない。だから新人の配膳であっても炭のあつかい方、いっさいをおぼえる必要があったのだ。

とくに待合におく煙草盆の火入れ、その種火をおこすのは、火鉢の火をおこすのとは、わけが違う。格段にむずかしいのだ。「うっかりするとすぐ消えてしまう。何回もやらないかんときありましたわ」と。

きょうの献茶に用いる煙草盆は、市郎兵衛の桑手付き独楽透し。火入れは織部。きざみを入れる煙草入れは時代ヤシの実。煙管は浄益造り、一指斎好みの吉祥草彫り、有隣斎箱書付きである。それから灰吹き。十三センチほどに伐った青竹だが、これも重要な道具。水を入れて煙管の灰落としに使う。茶会のたびに真新しい青竹を用いるのだ。

水屋を手伝う茶道具商の弟子が、織部の火入れを手にとって、慎重に灰型をこしらえている。火入れの中心に親指ほどの炭がほの明るい。じっさいに煙管を使う客のいた、むかしの茶事ならいざ知らず、いまや煙草盆は茶会の装飾品。火入れの炭に火が点いていることなど、なん人の客が知っているだろう。

「さぁ、ごぞんじのかたはすくないでしょうねぇ。それでもちゃんと火を入れておく、というこころづかいが茶会のご馳走なんですよ」と、その弟子はいった。

火入れにはあらかじめ種火を入れ、灰を乾燥させておかなければならない。湿っていては点けた炭火が消えてしまう。

この世界では灰ができれば一人前といわれる。火入れ用の炭は親指くらいの太さで十センチほどの長さ。それを三つに切って使うのだ。ときには水屋の先生から、切ってほしいとたのまれたりもする。で、矢田はいつも袋のなかに金切り鋸を用意して水屋に出むく。

水屋ではやかんの湯がわき立ち、点出し用の数茶碗が洗いおけのなかで温められている。また茶会に必要な道具類、つまり主茶碗、茶器、菓子器などが、いつでも取り出せるように整然とならべられ、黒文字と茶せんは水にひたしてあった。

宗匠は床の間の花を活け、茶道具屋はそれぞれの道具の準備に忙しい。菓子屋がきょうつかう主菓子を運びこんできた。客に聞かれることで一番多いのが、この菓子の銘である。ちなみに本日の菓子は「落葉」。

客が席に入りはじめると、にわかに水屋は勢いづいてくる。点前は主客、次客、三客まで。四客以下は点出しで、つぎつぎ弟子のご婦人連がお茶を運ぶ。そのさいは、茶碗をきずつけぬように指輪や時計を外さねばならない。

もてなし茶碗を洗うのも一段とせわしくなった。茶碗がもどってくると湯につけて洗い、つぎに熱湯で温めてから拭きあげる。主茶碗だけは別格、拭きあげるとすぐに水屋担当の先生に手渡してしまう。

本日の茶碗は、直斎手造りで銘は「翁」、直斎箱書付きで有隣斎外箱書付き。次客には御本《ごほん》（陶磁器の種類）。三客に有隣斎宗匠・不徹斎宗匠合作、菊の絵賛。

茶席との仕切りは障子一枚。水屋のほうでは一同、じぶんたちの茶碗を洗う音に気を配りながらの作業となる。

つぎの席の客は七十人とか、水屋の先生から指示が出されると、人数分の菓子器に手際よく菓子が盛られ、点出しの茶碗がずらりとならぶ。

水屋は戦場のような騒ぎである。いちいち柄杓で湯をそそぐ余裕はない。温めた茶碗に抹茶が入ると、直接、やかんから湯をそそいでいく。大寄せなら、やむを得ぬことかも。

播磨も弟子に混じって、つぎからつぎへ茶を点てている。すでにかれは庫裡へ出向いてブリキバケツに二杯も井戸水を汲んできていた。

ひとしきり点出しがつづいて、ようやく潮が引いた。残りの菓子も数えるほどになり、さいごに水屋の弟子や手伝いの茶道具屋を茶席に招き、きょう一日の労をねぎらって茶がふるまわれる。

やがて釜師は、漆仙造り・紅葉ちらしの炉縁のなかから了保の丸釜を取り出し、表具師は待合や本席の床にかけた軸を巻いて桐箱にしまい込む。それらは茶道具屋が入らない茶会なら、配膳が当然、しなければならない仕事である。

水屋では播磨が後片づけに余念がない。茶碗、菓子器、水指を湯通しし、茶碗に損傷がないかを調べ、点出し茶碗の数を確認しておく。

この薄茶碗についてのエピソードとか失敗談というのはすくなくない。たとえば、矢田のはなしでは、

「うちの三星会〔矢田主宰のグループ〕で茶会へ行っとったもんが、赤楽の茶碗を湯につけて洗うてたらしい。で、拭いてるうちに親指がキュッとめり込んで、茶碗に穴があいたいうんですわ。へいぜい楽《らく》は熱い湯で洗うたらいかんよ、て教えてるんやけど……。そんな熱い湯やなかったらしいけど、何回も湯くぐらしてるからね。それ箱書きのある主茶碗ですよ。平謝りに謝って、ほんで家元の奥さんが、これは焼きがあまいからしょうがない、いうてくれはって、ほっとしたことがありましたわ」

そんなバカな、とは思うけど。なにはともあれ、こういうことがあれば、親方の責任になる。楽茶碗の扱い方を教えてない、というわけだ。

それからこれは吉崎潤治郎が、「もう時効やから、ええやろ」といって聞かせてくれた、観世会館のこけら落としのときの話だ。

その日は雨模様で、高長台《たかながだい》のうえにならべておいた永楽《えいらく》の数茶碗一ダースに、通りすがりの土建屋の雨合羽がひっかかった。さぁ、たいへん。

「ズッスーンと台ごとひっくりかえって、茶碗十二個みな割れてしもたんですわ。しょうがない、間に合わせないかんいうて、業躰《ぎょうてい》はん（家元の高弟）が、永楽さん（楽茶碗の老舗）からすぐ一ダース持ってきてもろたんです」

それからがミソだ。後日、割れたのと同じ茶碗を仕入れて蹲踞へ三ヶ月間、漬け込んでおいた。すると水垢などで古色がついて、割れた茶碗とほとんど見分けがつかなくなった。

茶会では高価な茶道具をあつかうことが多い。無事にすんであたりまえ。なにか粗相があってはとりかえしがつかない。だから配膳にとって茶会の水屋仕事は、はじめからおしまいまで気の張る作業なのである。

金閣寺の総門をくぐって参道に出たところで、ようやく播磨国明が「きょうも一日、無事におわって、やれやれですわ」と晴れやかな顔つきになった。

配膳と室町時代の同朋衆

配膳の仕事の分野は、茶会の水屋作業のほかに、神社・寺院の行事、冠婚葬祭の儀式、能楽関係、呉服展示会、料亭・お茶屋の接待、個人のお宅仕事などがある。

これらはすべて京都の文化に深く根ざしており、京都人の生活と分かちがたく結びついてきた。だが、年月を経るごとにそれらは簡略化し合理化されるようになる。むかしと変わりないのは神

中央にいる剃髪の三人が同朋衆。『足利義持若宮八幡宮社参図絵巻』（京都市若宮八幡宮蔵）より（『日本の美学８　特集　宴』ぺりかん社、13頁）

社仏閣でおこなわれるセレモニーくらいのものだ。

そこで、おのずと配膳の出番もすくなくなり、かれらが手腕を発揮する機会は目に見えて減った。また高度な技量も、さほど必要とされなくなっていった。

京都の伝統を受け継ぐような文化的側面を見せながら、他方では「なんでも屋」、つまり便利屋的な雑役的側面をもつ。このふた通りの顔が交錯するために、一見、不可解な職種と、ひとの目に映る。これは、社会的に地位の低い者とみなされながら儀式や宴を演出し、その中心に侍ったりするせいだろう。

こうして配膳について取材をすすめるうちに、室町時代に出現して、ときの将軍に近侍した「同朋衆《どうぼうしゅう》」の存在に注目するようになった。そこに配膳との類似性を見出したからだ。

そもそもこの同朋衆とはなにか。話は室町時代、将軍・足利義満の代にまでさかのぼる。同朋衆とは時宗によって出家し、法体《ほったい》（僧のすがた）となったひとびとで、阿弥号をもっていた。

南北朝あたりより貴族から武家に権力が移行して、勢力が安定するとともに武家は貴族化しはじめる。ところが新興の武家階級には文化的教養がない。いわば「美の成りあがり者」であった地方出身者の武家が、旧勢力の貴族階級をしのぐ手段として側近に文化的指南役をおく必要があったのである。

同朋衆が成立するまえは、遁世者と呼びならわされていた。遁世者とは自分の来歴、身分を捨てた世捨人、むしろ自由人、趣味人といった感じに近い。遁世者の多くは阿弥号を名のる時宗に属す遊行者《ゆぎょうしゃ》で、事あるごとに殿中によばれて使い走りなどの雑用をつとめ、また芸を披露した。

武家の邸宅では茶会や会合専用の建物、つまり会所が出現。で、その室礼《しつらい》（座敷飾り）が必要となり、それにも遁世者はたずさわることに。この遁世者が室町幕府のなかで、一種の職制として制度化され、同朋衆になっていくわけである。

室町以降、武将が書院をかまえるようになると、同朋衆は座敷の道具類を管理し、行事の段取り一切を取り仕切る「美のプロフェッショナル」となっていく。

ことに茶の湯は、それまでの単にのむだけの行為から、東山時代以降、その境地を禅に求め和歌にたくし、文化的教養の象徴となった。

そうこうするうち座敷のしつらえにたずさわる同朋衆は、唐物道具の目利きとして存在価値を示すようになり、幕府の近辺に居住し結番制で出仕して月俸を与えられるまでになる。

林屋辰三郎『「数寄」の美』（淡交社）には、つぎのようにある。

彼らには、身分的に卑賤視されたり、社会的に没落したりした人々が多かったが、出家することによって将軍や守護大名などの貴紳の側近に奉仕して、みずからの体験を生かして活動することができた。

これら同朋衆の役割について、村井康彦『茶の文化史』（岩波新書）はつぎのように記している。

同朋衆の職掌は多岐にわたっていた。使い走りから掃除・配膳・贈答品の取次ぎといったもの、また唐物奉行・座敷飾・香合・茶湯・立花の扱い、あるいは和歌や連歌会の連衆として同席するなど、文字通りピンからキリまである。

このように同朋衆の社会的地位といい、その職務といい、配膳たちと共通するものが多いことに気がつく。

同朋衆の大半は、将軍に近仕して雑務をするにすぎない存在だったようだが、なかには一芸一能に秀でたものもいた。

座敷飾りの基本を定めた『君台観左右帳記《くんだいかんそうちょうき》』をつくった能阿弥や相阿弥、立て花の名手である立阿弥《りゅうあみ》、また茶の湯同朋の千阿弥は千利休の祖父とされている。

もちろん将軍家の周辺には、同朋衆以外にも能の世阿弥や庭師の善阿弥のように、阿弥号をもつ一群の芸能者たちもいた。

将軍家の邸宅内における書院座敷の部屋飾りは「唐物荘厳《かざり》」とよばれ、禅宗寺院の室礼を模したものだ。

この任にあたる唐物奉行では、能、芸、相の三阿弥がその代表的存在。室町人の唐物趣味の熱狂的ブームのなかで、唐物唐絵の鑑定、評価、表具、出納、管理、そして座敷飾りが、その重要職務だった。

これはまた、なんと配膳の仕事に似通っていることとか。鑑定とか表具（軸装）をのぞけば、道具の出し入れ、管理、そして掛け軸といった部屋の飾りつけなどは、まったく配膳のそれと変わりない。

同朋衆のなかには、「色々ノタワケ事ヲサセ、タワケゴトヲ云ハセテ殿中ヲアリカセ」られたりするような道化的というか幇間《ほうかん》的なキャラクターをもつものもいて、じっさいにそれらしい振る舞いをさせられた者もいたらしい（桑田忠親『世阿弥と利休』至文堂）。

なので、同朋衆は幇間（太鼓持ち）の元祖だという説も。だが、むしろ同朋衆は配膳のルーツと考えたほうが近いような気がする。

雑役雑事の一方で、文化的な役割をも果たしていた同朋衆と配膳。この両者の類似性には興味ひかれるものがある。

一方、時代が下って江戸期になると、主君のそば近くに仕える家来のなかに、配膳人という役割の者がいた（『近世武士生活史入門事典』）。

大名が食事をとるなどというときは、できあがった料理を、まず台所奉行が、さらに近侍の者が試食することになっていた。その際に配膳人がこの試食と配膳をかねていたのかどうかは知らない。

次の間には座敷奉行がひかえていて、大名の食事の様子をうかがいながら、遅速のないよう配膳人に指図する場面が『早見献立帳』には描かれている。

武家社会では何事にも格式を重んじ、江戸幕府の礼式も無限に細分化されガンジガラメ、硬直化しきっていた。たとえば給仕作法にまで小笠原流の礼式が影響を及ぼすほど。

この江戸の配膳人は、「もてなし」などという意味合いからはほど遠く、検分（毒見）や食事の運搬という機能的役目だけで文化的役割は皆無だった。その無骨さがいかにも江戸的ではないか。京の配膳の袴すがたは、たしかに外見だけは、この江戸の配膳人を思い起こさせてくれるのだが、似て非なるものと言わざるを得ない。

明治の末ごろから、京都の町なかに登場した配膳という職業は、案外、南北朝あたりから室町

小笠原流（武士生活研究会編『近世武士生活史入門事典』柏書房、205頁）

中期にかけて活躍した同朋衆にヒントを得たものだったのかもしれない。ヒントを得るというより、もともと京都人の性分、いや感性のなかにあった「もてなしの精神」なのではないだろうか。

そもそも配膳という職種は、おそらく京都特有の文化的背景からしか生まれなかったに違いない。

京都人の接客術とは、たいせつなものを幾重にもていねいに包み込む、いわば「和のラッピング（包み）」に似ている。つまり熨斗や水引きなど儀式的・象徴的な意匠をもふくむ、日本独特の「包装＝つつみ」のあり方のように。

同朋衆と配膳、いずれもワンクッションおくことで、格式や古格を重んじ、付加価値をつけるやりかた。それは、なにごとにも直接的でむき出しの、ぶっきら棒で無粋なふるまいかたを忌み嫌う京都流の行き方といえるのではないだろうか。

京都ほど儀式やしきたりが暮らしのなかに根深く浸透し、しっかりと日常性に組み込まれている土地柄もすくない。

「しまつ」ということばを京都では、よく耳にする。無駄をきらい質素を旨とする合理的な京都人が、手間ひまをかけ、十重二十重に手の込んだ生活の習慣や伝統を頑固に守り、けっして変えようとはしない。

けれど文化というものは、それほどに長い時間と手間のかかるものであることに、わたしたちは、いまあらためて気づかされる。

ひとのつき合い方やもてなし方においても、たがいに神経を行き届かせ、ものごとがとどこおりなく運ばれるように配慮し合う。ことに緊密な人間関係にあっては、気をつかうほうもつかわれるほうも容易なことではない。

そう考えてみると、たしかに配膳というのは、主人と客人のあいだの緩衝材として、双方を円滑に取り持つのに恰好の職業だったのだろう。

けれど近年、京都はすっかり、せちがらくなってしまった。

「あれば便利、なければそれまで」という配膳の不安定な役まわり。あいまいさが残るそうしたもの一切が、この社会から失われてしまった。経済効率という大津波によって、根こそぎ曳きさらわれてしまったのだ。

それは、「配膳さん」がいたころの京都に、まだ幾分あったであろうこころの余裕のようにも思われる。

配膳さんの仕事を通して、日本人の特質のひとつに数えあげられる「もてなし」について、あらためて考えさせられた。

「もてなし」とは、そもそもなんだろうか。洋の東西で、もてなしの本質は異なるのだろうか。また異なるのなら、その違いはどこにあるのか。

そこでhospitalityの語源を考えてみた。hospiceは、病院のルーツともいうべき中世の施療院である。宗教団体などの旅人宿泊所、または貧窮者や病人などの収容施設などとも、辞書には書かれている。

つまり病気の完全な治癒をめざすhospitalではなく、むしろ病の苦痛をいくらかでも軽減したり、精神的になぐさめをもたらすための場が「ホスピス」なのだ。

病みつかれたひとを介護し、温かく親切に世話をする。不自由な体と病んだこころを癒し気づかう隣人愛。いや、その背景には、キリストによる慈愛のこころがあるに違いない。それが「洋のもてなし」の源流なのだろう。

対する「和のもてなし」、とくに京都のもてなしの根底にあるのは、茶のこころではないだろうか。

茶の湯に公式はない。主眼は一服のお茶をおいしくのむ、そのことにある。そのために道具を吟味し、花を活け、部屋をしつらえる。つまり茶事を通して色、音、香、味わい、手ざわりなど五感を敏くし、それらを愛でつつ一碗の茶を喫するのだ。

それには亭主も客も、ともに外界を離れ、気もちを澄ませて一個人に還り、相手との応接に、誠心誠意こころを込めてたがいに肝胆相照らす。

「和のもてなし」の原型は、京都にある。その源には日本人の美的感覚のすべてが息づいているといえるだろう。

付記

あれから二十数年、かれらはどこへ行ったのだろうか。

吉崎潤治郎は三年ほどまえに亡くなり、広野福三、高井石雄、中宮利夫もまた、ここ四、五年のうちにあいついで他界している。

矢田平八郎は高血圧のため入院中であり、認知症を患っている、と聞いた。かれの主宰する三星会を、五十代の義理の息子が引き継ぎ、グループで茶道三千家の水屋仕事に従事しているとか。まず茶道教室そのものが、ビルの一角におさまっているのが現在の状況。だから、おそらく茶会などにしても、もっぱら大寄せの人海戦術的な水屋作業が、仕事の大半をしめることだろう。配膳の仕事に、むかしほどの専門性は必要なくなった。

一番若かった星野静夫も、いまや八十二歳。平成元年、〈つる家〉会長の死去にともないその職を退いた。その後はフリーで、さまざまの料亭仕事をつとめ、公益社で葬儀に、妙心寺で寺式結婚式に従事してきた。また能楽では金剛流の仕事にたずさわり、三星会の茶会をも手伝った。が、住まいのある奈良から京都へ出て行くのがしだいに大儀になり、病気もしたりしたことから七十五歳で引退している。

配膳冥利につきる仕事とはなにか、と星野にたずねてみた。それはやはり料亭の屋形仕事だという。かれは〈つる家〉の会長に、京都の伝統や文化、むかしのしきたりを教わり、自分なりに創意工夫して仕事に励んだ日々が懐かしい、と。

星野にとっては〈つる家〉という料亭は、おそらく自分自身の本領を、もっとも発揮できる場であったに違いない。ことに会長の出崎について「あの方はね、わたしにとっては特別の方でした……」と、しみじみとした口調で語ってくれた。

大阪の〈灘万〉、大阪〈つる家〉もいまはなく、京都〈つる家〉も衰退した。料亭での配膳の仕事は激減し、いろいろな遊びを知っていた旦那衆も老齢化した。また和装業界の変化で配膳の需要も、めっきりすくなくなった。

建仁寺の四つ頭茶会など、継続していかねばならない伝統的なセレモニーのほうはどうか。これには寺出入りの職方（大工、左官、経師などの寺社方）が、減少する職人仕事のかわりに配膳の仕事を覚え、かれらが引き受ける仕組みとなった。

こうして時代は変わっていく……。

あとがき

「もてなし」といえば、京都のお家芸といった観があります。その京都には、古くから「配膳」という職業がありました。高度な接客技術をもった配膳さんは、もてなしのエキスパートといえるものでした。

京の配膳さんのことを、はじめて耳にしたとき、お膳を運ぶだけのことが職業として成り立つのかといぶかしく思ったものです。しかも紋付に袴のいでたちで働き、京都のみに存在する男だけのしごとと知ったときの驚き。

かれらについて料亭をはじめ、茶道、能楽、神社仏閣、呉服業界、冠婚葬祭、個人の邸宅などを巡り歩き、京都のさまざまな側面を垣間見ました。

その過程で、配膳さんのしごと自体が、京都のもてなしそのものをあらわしており、京都の伝統や文化と深くかかわっていることを目の当たりにしたのです。

記事は最初、一九八八年一月から九〇年三月にかけて、料理書専門の出版社、柴田書店の『月刊 専門料理』に「京の配膳さん」のタイトルで二年間連載されました。

そして一九九六年に大阪の向陽書房から単行本『京の配膳さん』として出版されたのですが、後年、社主が亡くなり出版社は閉鎖、本は絶版となっています。

その単行本では、配膳とはどのような職業であるかを徹底取材し、京都の社会的性格との相関関係のなかで、どのような役割を担ったのかをさぐってみました。

改訂版である本書では、配膳という職業が、なぜ京都にしか生まれなかったのか、また接客技術がこれほど洗練されたのはどうしてか、さらにそれを育んだ京都の人的交流のスタイル、つまり人との対応の仕方とか、隠微な室内意匠・たたずまい・家屋構造、また京ことばの韜晦性(煙に巻くといっていいかも)やらなんやらにまで考えをすすめていくことになりました。

取材をはじめたころをふくめれば、じつに三十年以上の歳月が経っています。当然、現在の社会状況から当時の世相を眺めることにもなります。

「もてなし」という観点から、かれらの接客技術がどういう意味をもっていたのかを、あらためて捉えなおし、大幅に加筆して読みやすく書き直したのが本書です。

もてなしとは、そもそもなにか。洋の東西で、もてなしの本質は異なるのでしょうか。また異なるのなら、その違いはどこにあるのか、そして「和のもてなし」の根底にあるものとはなんなのか。

世の中は、今年二〇二〇年に開催されようとしているオリンピックの話題で賑わい出しました。海外からアスリートや観光客を迎え入れ、どのようにもてなせば、今後の観光につなげるような好印象をあたえることができるのか、それも課題のひとつではないでしょうか。本来のもてなしについて考えてみるよい機会かもしれません。

本書の刊行にあたっては、以下のおふたりの尽力なしには、とうていかなわなかったと思います。

まずルーマニアの「人と暮らしと風景」のなかに詩を見つける写真家でありエッセイストのみやこうせいさん。そして、売れ筋の本より「売りたい本」に重きをおく北海道砂川市〈いわた書店〉店主の岩田徹さんです。この場をお借りして、おふたりに心からお礼を申し上げます。

そして実際に編集にあたられ、お骨折りいただいた平凡社編集部の松井純さんに、深く感謝いたします。

二〇二〇年梅二月

笠井一子

笠井一子（かさい かずこ）

広島に生まれ、幼少期を大阪で過ごしたのち、十歳より東京に。

フリーランスのライターとして、道具に関する記事、料理人や建築にたずさわる職人などの人物ドキュメント、そして生活文化についての記事を雑誌に執筆。

著書に『プロが選んだ調理道具』（平凡社コロナ・ブックス）、『京の配膳さん』絶版（向陽書房）、『京の大工棟梁と七人の職人衆』『京の職人衆が語る桂離宮』『棟梁を育てる高校』（以上、草思社）ほかがある。

配膳さんという仕事
なぜ京都はもてなし上手なのか

二〇二〇年四月三日　初版第一刷発行

著者　笠井一子
発行者　下中美都
発行所　株式会社平凡社
住所　東京都千代田区神田神保町三―二九
電話　〇三―三二三〇―六五七九（編集）
　　　〇三―三二三〇―六五七三（営業）
振替　〇〇一八〇―〇―二九六三九

装幀　間村俊一
組版　株式会社キャップス
印刷・製本　中央精版印刷株式会社

落丁・乱丁本のお取替は小社読者サービス係までお送りください（送料小社負担）
平凡社ホームページ　https://www.heibonsha.co.jp/
© Kazuko Kasai 2020 Printed in Japan
ISBN978-4-582-83827-5　C0039
NDC 分類番号 384.3　四六判（19.4cm）　総ページ 216